AF315587

VOYAGE QUI N'EST POINT SENTIMENTAL

Comme ceux de Mr Stern anglois.

Journal d'un provincial à Paris

25 juin - ler août 1784

1 feuillet - 70 pp.

Voyage qui n'est point
Sentimental

Comme ceux de Mr... Stern anglois.

Journal

D'un provincial à Paris.

Dedié à ma charmante amie.

25 juin 1784

C'est pourtoi que j'écris, ô ma lyli. tu Sais que la grandeur n'eut jamais mon hommage. _l'amitié Seule à des droits Sur mon cœur j'aime à m'entretenir avec toi. après celui de te voir, c'est le plaisir le plus pur que je puisse goûter.

Si j'écrivois à un de ces êtres Superficiels qui Se disputent de charmes & de ridicules, et dont l'amour propre bondit au moindre éloge, je lui prodiguerois la flatterie & le mensonge, je le couronnerois de fleurs aussitôt fanées que cueillies. mais c'est à toi que j'écris, toi qui es jeune et Sais penser, toi qui prefere le ton Simple de la Confiance, à l'honneur d'être ennuyée avec faste, et au plaisir d'être louée Sans esprit.

je t'ouvrirai mon âme, tu y liras Les differentes impressions. qu'elle aura reçues pendant ce voyage que ta tendresse n'a pu voir Sans allarmes je parlerai de tout; tu l'as exigé; je tiendrai parole. Dans ce pays de liberté, d'erreurs, et d'inconsequences, Si j'ai quelques torts, j'en ferai le naïf aveu à ma genereuse amie..... rassures toi, tendre lyli Sur ma Santé ainsi que Sur ma fidelité. Songes en lisant ces feuilles que ton ami t'a raporté un corps Sain & un cœur pur. ton image adorée ne me quittera point. elle me Servira de Talisman au milieu des dangers que tu as prevu. c'est là l'empire que doivent obtenir ta pudeur, ta decenci, et tes mœurs, Sur les erreurs, le persiflage, l'inconduite & la frivolité

Paris 26 juin 1784

matin

Nous arrivâmes hier, malgré les obstacles qui se multiplioient sous nos pas. notre voyage étoit un mistère. tu sais les raisons que j'avois de le cacher; par une fatalité singulière, presque toutes les précautions prises pour couvrir notre marche, n'ont servi qu'à la déceler. à Chartres je rencontrai un de ces êtres dangereux, dont l'occupation est d'épier et le plaisir de réveler. le Sieur Boiron bavard, inquiet, méchant, se trouva si malheureusement qu'au lieu de descendre chez un ami qui nous attendoit, nous allâmes nous confiner dans une chambre au grand Monarque belle auberge sur la grande place. il fallut tirer parti de notre position. pendant deux jours, jusqu'au départ de la diligence; nous jouâmes, nous lûmes, nous. Sortions le matin en petit frack et nous faisions le tour de la ville très agréablement.

En effet les promenades sont très agréables; mais aussi quand on les a vues et la cathédrale, il faut en Sortir; Si l'on ne veut avoir les pieds déchirés par un pavé détestable, et la vue offusquée par la malpropreté des femmes. dernier inconvénient est encore plus Sensible qu'au premier. Car au maus, malgré l'humeur qui m'emprise, vous trouvez encore des femmes propres et quelques têtes passables. je ne mets assurément du nombre ni celle de la blonde Bineau, plus blonde que ciré; ni celle de l'Infante le dit avec son grand cou, Ses dents longues, et Son rire bête et fréquent. je ne prétends pas non plus mettre en ligne de compte celles qui Sont flétries ou fadasses, comme mille Coutelle, mille Bineau mille la goupillière et la pointe. mais la tienne; mais celle de mille Landran ces deux charmantes têtes n'ont elles pas le droit de plaire à tous les yeux par les charmes mais de la candeur et de la décence, empreint dans tous leurs traits.

Chartres n'est qu'à 20 lieues de paris, et en paroit à 300 par
le ton, le langage, le costume & les mœurs. nous en partimes le jeudi soir
a 9 heures dans la diligence. il se passe quelquefois des scènes très
piquantes dans ces voitures publiques, mais il ne se passa rien que de très
commun dans la nôtre. quoique le tems des portraits soit passé je ne
puis pourtant resister à la demangeaison de faire ceux de mes originaux
compagnons de voyage.

le premier qui me frappa la vue à la pointe du jour, fut un gros,
court, lourd chartrain, qui pendant la nuit nous avoit beaucoup parlé
de son vin, de ses enfans et de ses fredaines. sa culotte soit encore toute
imbibée d'une bouteille de vespetro qu'il comptoit mettre dans son estomac,
mais qui faute de bouchon, se répandit dans son haut de chausse.

à ses côtés pendoit un grand vieux sec gentilhomme ruiné, dont l'habit &
le chapeau rapés, achetés à la friperie de chartres étoient couverts d'oripeau.
ce bonhomme asmatique, ou poussif, ne fit que tousser & cracher et ne
prononça pas vingt paroles. c'est un bon esprit de se taire quand on ne
sait pas parler; mais malheureusement cet esprit est assez rare.

un petit avocat de vendôme qui paroissoit de la connoissance du vieux
gentilhomme, parloit bien pour deux. il avoit une de ces figures d'écureuil,
fait de tous les côtés, le nez pointu, le geste vif, le mouvement brusque.
parlant théologie avec moi, jurisprudence avec moi sans se douter
des elemens de l'une plus que de l'autre de ces sciences. il disputoit
sans rigueur parce qu'occupé de ses propres idées, il ne s'arrêtoit point à
celles des autres. il s'exprimoit avec facilité quoique d'une manière très
commune. enfin il m'a paru que c'étoit le bel esprit de sa petite ville,
et qu'il étoit accoutumé à raisonner, trancher, juger, sans avoir pris le
ton pédant de tous ces juges tranchans et raisonneurs de province.
je vois à ma gauche un gros homme laid et noir, qui pendant toute la
route ne fit que dormir, bailler et nous dire qu'il etoit de chateau d'un

à ma droite une petite espiègle parisienne agée de 9 à dix ans, sous la
conduite du gros homme de chateaudieu. la petite bonne femme ne cessa de
me lutiner, par des caresses libertines, par des propos deraisonables, et
des coups impuissans. cetoit un enfant gaté qu'on reconduisoit à ses parens.
quelle petite Luronne! toujours cheminant, nous arrivames enfin à
paris : cecy n'est point un reve.

26 juin   1ere Journée

Notre premier soin fut de nous faire raser & peigner dans un apartement propre
que mr Guidor nous avoit retenu rüe des vieilles Etuves, St honoré. nous
dinames de grand appetit, & nous allames à l'opera. on y donnoit la
Caravane Spectacle charmant, divin, enchanteur. les danses etoient ravisantes,
la musique delicieuse. la Salle etoit pleine. J'etois à coté d'une jeune provinciale
naive & Spirituelle, que son cousin le notaire ne pouvoit instruire. elle s'adressa
à moi nouvellement debarqué. je payai d'audace, et je Satisfis de mon mieux
à ses questions repetées...... voila mon perruquier qui entre.

1 heure apres midi.

Jarrive de ville bien fatigué J'ai parcouru ce matin quelques eglises et
plusieurs palais. J'ai revu avec le plus grand plaisir ce beau palais royal
que mr le duc de chartres vient d'embellir par une superbe enfilade de
batimens uniformes, dont l'architecture d'ordre composé en pilastres cannelées
donne à la fois l'idée
de la plus grande magnificence, et d'un goût exquis. c'est un grand quarré
long, composé dans œuvre de 72 arcades et de 73 piles dans sa longueur,
ce qui donne 686 pieds et demi. et de 30 arcades, et d'autant de piles
dans sa largeur, ce qui donne 286. chaque arcade est de 5 pieds & ½
chaque pile de 4 pieds. tout autour regne une galerie enrichie
de tout ce que le luxe et la mollesse peuvent offrir de plus riche et de
plus brillant. les logemens consistent dans un rez de chaussée, un entresol
& trois etages. des rües de 27 pieds de largeur separent ces nouveaux
etablissemens des maisons qui formoient auparavant l'enceinte du jardin.
mr Louis est chargé de cette entreprise.

6

j'ai vu les Thuileries le plus magnifice jardin de l'europe, dessiné
par le nostre qui a porté l'art du jardinage à sa perfection.
j'ai revu les theatins, St roch, l'oratoire, la cathedrale. cette derniere
eglise me frappe toujour par sa grandeur, son elevation et ses richesses.
je suis entré à l'hopital general depot horrible, infect de toutes les maladie
humaines. tous les sens sont revoltés à la fois d'un pareil spectacle.
le coeur m'a soulevé plusieurs fois. ulcere terrible, dit mercier, ulcere
sur le corps politique, large, profond, sanieux, qu'on ne sauroit envisager
qu'en detournant les regards jusqu'à l'air du lieu, que l'on sent à 200
toises, tout vous dit que vous approchez d'un asyle de misere, de degradation,
d'infortune. j'ai vu au parlement ces graves magistrats qui tiennent
dans leurs mains tous sort, le mien, celui de presque toute la france.
ce soir aux italiens.

27 juin   2e journée.

nous eumes hier aux italiens tomes jones à londres suivi, de l'épreuve
villageoise. la premiere piece tirée d'un roman de mr. fielding que
tout le monde connoit, ne vaut pas grand-chose, & valoit encore moins
par l'absence des principaux acteurs. la 2e piece est une miniature
chef d'œuvre d'élegance de chant & de decoration. c'est le triomphe d'Adel
Colombe. Elle a mis dans son jeu une finesse, une variété, une intelligence
quelle est devenue tout d'un coup rivale de la dugazon et l'idole du public
aussi il est impossible de mieux chanter cette jolie chanson;

    « bon dieu, comme hier a été fêté &c.....

le roi de suede est venu entre les deux pieces. il a été beaucoup applaudi
sa figure m'a paru froide et un peu en demi cercle rentrant. mais
il a l'air humain & sensible dans tous ses mouvemens. un de ses
gentils hommes, qu'il aimoit, fut tué hier au bois de boulogne par
le comte de la mark, qui est lui même mortellement blessé.----
je vais aller ce matin à l'arsenal.

L'arsenal n'est bien curieux que pour ceux qui peuvent en voir l'intérieur de grands bâtimens d'inégale grandeur, de longues promenades, de vastes cours, voilà tout ce qu'on peut voir quand on n'entre pas, et on voit cela partout ailleurs. Mr. le marquis de Paulmy gouverneur a une très riche collection de manuscrits precieux qu'on voit difficilement

le soir je m'ennuyai beaucoup a l'opera malgré la douleur et les cris de chimene, la bravoure et la passion de Rodrigue. on me dit que la musique etoit sublime, cela peut être, mais elle l'etoit trop pour moi. il y'eut pourtant quelques morceaux qui me firent grand plaisir. Après le spectacle nous voulumes nous amuser un moment de l'impudence de ces malheureuses, qui l'œil hardi, la gorge nüe, et le geste lascif insitent grossièrement les passans a une brutale prostitution. je m'aprochai pour mon compte de deux ou trois fort gentilles, qui l'une, qui l'autre me prirent par le bras, par le milieu du corps, et par ailleurs pour m'obliger d'entrer dans leur Phalaba. je m'en degageai lestement, sans pourtant les brusquer avec violence. elles me paroissent assez humiliées.

Tu dois être surprise, ma bonne amie de ne point m'entendre parler des femmes de paris: rassure toi; ce n'est point dissimulation. je n'ai point encore chassé d'aventures galantes; soit que je ne les cherche pas, soit que je ne veuille pas risquer les dangers qu'elles présentent. sagesse ou défaut de courage, quel qu'en soit le motif, je suis encore fidèle. oui, ma Lyli, au milieu des plaisirs de la Capitale, sans ceux electrisé par quatre ou cinq cent femmes charmantes, je ne me suis point encore surpris une pensée, un desir qui ne fut à toi, à toi que j'aime, et veux aimer toute ma vie. je dis toute ma vie, j'en ai l'assurance dans te prouve que j'en fais actuellement. puisque mon cœur à visité aux forces réunies de la cour de Cythère, je puis désormais le croire inébranlable, et cela me paroît tout naturel. l'amour est plus dans nos cœurs que dans nos sens. Celui qui ne cherche qu'à satisfaire les derniers, n'éprouvera jamais que la convulsion du plaisir, suivie bientôt de celle de la douleur. Car tel est l'effet d'une irritation violente et continue, quelle augmente incessamment les desir, en diminuant les moyens.

mais quand deux cœurs réunis par tous les rapports de gouts et de sentiment par tous les liens de l'estime et de la confiance, se trouvent encore embrasés par tous les feux de l'amour, ah! c'est alors que la volupté, que le bonheur ciment l'union, et la rendent immortelle. Comment pourrois-je aimer à Paris? je vois, il est vrai de charmantes figures; mais outre que leur multitude les rend moins piquantes, je suis à leur égard comme le spectateur de la lanterne magique: je les vois passer si rapidement devant mes yeux que l'impression ne peut aller jusqu'à l'âme.

-je t'aimai, ô ma Zyli, dans un tems où je connoissois déja le charme brillant des nymphes parisiennes. le souvenir qui m'en restoit me put balancer un instant le sentiment profond que tu m'inspiras. la jouissance bien loin d'éteindre le desir n'a fait qu'augmenter et fortifier ma passion. tu possèdes le rare et délicieux secret d'inviter la pudeur où tant d'autres la trouvent gênante. ce talent de parler aux âmes, ce son de voix enchanteur qui est leur organe, ce regard doux, modeste expressif qui supplée à ce que la langue ne sait pas faire entendre, ce sourire de l'innocence, quelquefois celui de la gaité, cette confiance qui honore tous ceux avec qui tu vis, enfin tes vertus autant que tes charmes m'ont irrévocablement fixé. je suis à toi. Et qui pourroit m'en séparer? Paris te donne des inquiétudes. ah bonne Zyli! tu t'abuses assurément. Paris, je le sens, ne fera qu'augmenter mon attachement

par la comparaison que je suis à lieu de faire de ses plus jolies femmes
avec ma douce et mon intéressante amie.

j'irai ce soir à la comédie françoise, on y donne le mariage de figaro.
la foule y sera grande. pour être assuré d'une place j'ai fait prendre des
billets ce matin.

29 jour de St pierre.   4e journée

D'affaires en embarras, d'embarras en plaisirs, je fus balotté
pendant toute la journée d'hier. je t'avois dit qu'on donneroit figaro.
il y eut ordre de la cour de donner Rodogune, tragœdie de p. Corneille
dont le cinquième acte surtout est rempli de ces beautés mâles que le
génie du grand corneille n'enfantoit pas toujours: les sentimens sublimes
l'horreur des situations, l'interet porté à son comble, et surtout le
denouement le plus frappant et le plus inattendu, joins à tout cela
le pinceau vigoureux d'un homme nourri de sentimens républicains,
et tu conviendras que nous fûmes dédommagés de n'avoir pas eu ce
mariage de figaro. La reine accompagnée du roi de Suede, vient
au Spectacle. Elle salua familièrement plusieurs hommes de sa
connoissance. j'étois au premier rang de la galerie à coté de sa loge,
par conséquent à portée de la voir & de l'observer. elle ne fit pas
beaucoup d'attention au spectacle. mais en recompense, elle donna beaucoup
d'exercice à sa lorgnette. le roi de Suede paroit triste et reveur.
je n'en fus point surpris. il a beaucoup pleuré la mort de son
ecuyer. mr le Comte de la mark qui l'a tué ne mourra pas
de ses blessures, comme on l'avoit dit. Malgré sa douleur, le roi
de Suede a eu la generosité d'empêcher toute espece de poursuite,
les parisiens toujours disposés à rendre justice à qui il appartient,
ont donné de justes éloges à cette conduite.

30 juin   5ᵉ journée

j'allai hier à l'opera, ou j'eus beaucoup de peine a arracher un billet. on donnoit les danaides, piece dont la musique est superbe & le spectacle enchanteur. le cinquieme acte reunit tout ce que la scene a jamais produit de plus effrayant, de plus terrible. l'illusion est complette, on est emu malgré soi. que fis je encore hier? je promenai aux thuileries & au champs elisées; le soir au palais royal c'est ici le rendez-vous general; quel coup d'œil! represente toi ma bonne amie le paradis de Mahomet orné de ses plus belles houris, parées de leurs graces encore plus que de leurs atours; et tu n'auras qu'une foible idée du palais royal à 9 heures du soir on se presse avec mollesse, on se coudoye sans violence, on se fixe sans insulte, on se promene ou on s'assied sans façon. les femmes regardent et sont regardées avec la même audace. pas le moindre bruit, pas la moindre indecence. les hommes n'ont qu'un objet, c'est de voir. les femmes en ont deux de voir et d'être vues. crois tu, ma chere Lyli, que cette pretention bien annoncée, dans ton sexe, soit bien propre à favoriser le plaisir, et bien cappable d'appeller les desirs. pour moi je ne le crois pas. dès qu'une femme sort des bornes que la nature impose à son sexe, dès que la pudeur ne fait plus sa premiere parure, elle cesse d'inspirer ce tendre interet qui fait le charme de sa societé. elle n'est plus pour moi qu'un androgine, un homme manqué, dont le caractere equivoque repousse le desir, et ne parle pas à l'imaginaion. l'imagination maîtrise nos sens et fait la plus grande partie des frais de nos plaisirs. c'est en vain qu'on voudra plaire à ceux-ci par les plus seduisans tableaux, si vous n'avez le talent de flatter celle-ci, ou au moins par l'apparence de la delicatesse. toutes les femmes cherchent à plaire & cela est naturel. mais ce desir de plaire réussit plus rarement qu'on ne pense. ce n'est assurement point en se prostituant, qu'on rendra à la beauté son empire le plus flatteur, celui des cœurs.

La coquetterie ajoute souvent soit aux outrages de la laideur, soit aux ravages de la vieillesse, les extravagances de la folie : Et ce qu'il y a de plus malheureux c'est qu'il est bien rare, qu'elle éclaire les femmes sur leurs véritables intérêts.

Ce n'est donc point aux promenades qu'il faut voir les parisiennes, quand on veut les aimer.. aux promenades elles recréent la vüe, comme les fleurs d'un parterre bien cultivé. l'œil est ravi de parcourir tant de beautés rassemblées dans un petit espace, de les comparer, de les juger; mais le cœur n'est point de la partie. dans leurs boudoirs, c'est autre chose. Les parisiennes ont communément plus d'esprit que les hommes, plus de goût, plus de finesse, plus de tact. l'inutilité, la paresse dans laquelle on les élève, arrête les progrès de leur jugement : mais celles qui résistent à tout ce qui conspire contre elles, ont de grands avantages sur les hommes les plus aimables : leur conversation est cent fois plus séduisante, leur imagination plus vive, leur cœur plus sensible, leur amitié plus tendre, leur procédés plus délicats, que ne puis-je ajouter leur attachement plus fidèle?

cet éloge mérité justifiera-t-il à tes yeux l'engagement que j'ai formé depuis 24 heures, et qui m'a déjà fait oublier tous mes serments. oui ma Lyli je suis infidèle, mais avant de me condamner, il faut m'entendre j'étois chez un marchand bijoutier, j'apperçois une de ces figures charmantes faites pour tourner la tête aux dieux, & damner tous les hommes. Elle ne me souriait pas, mais elle me regardoit de cet air engageant qui dit viens tu me feras plaisir. fille d'un négotiant, je ne pouvois la confondre avec ces malheureuses qui arrêtent les passans: je m'approchai avec confiance.... Angelique a de beaux cheveux noirs, & sa charmante figure est un composé de tout ce qui peut plaire; teint de lis, sourcils bien dessinés; des yeux.... jamais, excepté ceux de ma Lyli, on n'en vit

d'aussi parlans ; quoiqu'ils fussent noirs, leurs regards étoient aussi
doux qu'expressifs. Son nez voluptueux augmentoit le charme d'une
bouche mignone, fraîche comme la tienne, toujours prête à tracer
le sourire le plus séduisant : Son cou dégagé uni comme l'ivoire
portoit sur une base, où l'œil ébloui se perdoit dans un océan de
blancheur. Elle n'est pas grande, mais taillée par les grâces. Sa
démarche aisée donne un nouveau prix à ses charmes, et porte
l'attention sur un petit pied, dont elle ne néglige pas la parure.
ce portrait, qui n'est pas flatté, peut excuser l'erreur d'un moment.
assis à côté de la jeune personne, je hazardai un de ces complimens
vagues, qui feroient mal au cœur si on les analysoit de sang froid.
on m'écouta en rougissant. le père, que je connois depuis mon
~~arrivée~~ est un bon homme qui vaque à son comerce. la mere
qui n'a pas renoncé à plaire, et qui en a conservé les moyens, veille peu
sur sa fille. je commençai avec celle ci une conversation qu'animoit
le désir de plaire ; j'ai réussi — quoi dans une première entrevue ? — oui
dans une première entrevüe. mais combien faut il donc de tems pour s'aimer
et se le dire, sur tout dans un pays ou on n'examine que les sens
et ou on n'est pas accoutumé à réfléchir ? la vanité chez les femmes,
le libertinage chez les hommes, voila les liens qui nouent les intrigues.
les hommes en faisant ces passades, prétendent bien se justifier, en
sauvant leur cœur de l'infidélité. leur cœur & leurs sens peuvent agir
séparément, ils le prétendent du moins. & par ces distinctions qu'ils prennent
pour excuse, ils se réservent la faculté d'être excités par l'amour, séduits
par la volupté, ou entrainés par l'instinct. Et comment les femmes pourr
elles démêler la véritable impression qui les détermine ? les effets
sont si semblables, & la cause si cachée ! mais cette excuse qu'ils prenn
ils ne la reçoivent pas, remarquez bien cela : ce qu'ils séparent en e
ils le réunissent dans vous. n'est-ce pas vous accorder une grand

superfluité dans la façon de penser ? mais n'est-ce pas faire naître
en même tems une terrible incertitude, sur l'espèce des mouvemens
qui nous porte à desirer la possession des femmes.

je m'exécute, comme tu vois ma chere Lyli, je me condamne par ces
reflexions, et pourtant je me sens entrainé vers la petite Angelique.

-1er juillet   6e journée

Le roman n'a pas été long. il est conclu d'hier. j'eus la permission de
la conduire à l'Ambigu Comique et à la foire St laurent, - qui ?
- mon Angelique avec une de ses amies m'ditenthier matin qu'elles
desireroient voir le repentir de figaro, legere parodie du mariage.
je leur repondis que j'aurois l'honneur de les accompagner. je les
accompagnai en effet; ensuite nous soupâmes en trio; ensuite, quand
l'amie fut sortie, nous fimes un duo ; ensuite je m'ennuyai, ensuite
je quittai melle Angelique, ensuite je n'irai plus la voir... c'est ainsi
que finissent & doivent finir ces liaisons ephemeres qui ne sont point
fondées sur l'estime; c'est profaner l'amour que de l'invoquer dans ces sortes
d'arrangemens. le desir de jouir ne suppose pas de la sensibilité,
il prouve seulement qu'on a des sens... la jouissance fait tomber le bandeau.
Quand tu liras ce journal, ce ne sera plus le tems des avantures. je
serai solitaire & repentant peut être; ton imagination blessée te portera
sur les lieux & les tems: tu ne verras ton ami qu'ingrat, infidele, perfide,
tandis qu'il s'applaudira de son courage et de sa fidelité...............

Paris est immense: tous les jours je vois et j'admire de nouveaux
objets. j'ai vu aujourd'hui St Sulpice, Ste geneviève, le luxembourg
& la monnoye.... ces quatre monumens excitent la curiosité de tous les
etrangers, & sont faits pour la satisfaire.

St Sulpice est une des plus belles eglises de paris la hauteur de
la voûte est de 89 pieds, Son portail est magnifique. Ses orgues
faites par Mr Cliquot Sont les plus complettes de paris. on voit dans
une chapelle adroite en entrant le tombeau de Mr Languet curé de
St Sulpice celebre par Son zèle peu delicat pour la decoration de cette eglise.
Ste Geneviève batie Sur les plans de Mr Soufflot à la forme d'une croix
grecque. l'entrée presente un Superbe peristile d'ordre Corinthien. dans
le milieu de l'eglise S'elevera un dôme, Sous lequel Sera placée la chasse
de la patrone couronnée d'un riche baldaquin... les travaux Sont conduits
avec une lenteur qui laisse peu d'espoir de voir la fin de ce bel ouvrage.
Le Luxembourg achevé Sous le règne de Marie de Médicis, est d'une belle
architecture, mais qui a côté des ouvrages modernes paroît bien materielle.
La galerie peinte par Rubens Se voit difficilement. On dit que les 20 grands
tableaux, ou ce peintre fameux avoit traité, Sous des figures allegoriques,
l'histoire de Marie de Médicis, ont été retirés de ce palais et doivent
faire partie de la collection qui enrichira le museum du Louvre.
Le jardin, qui est publié, est le rendez-vous des vieillards, des enfans & des
infirmes. l'air y est pur et bienfaisant. le Bois est encore grand, malgré
la coupure que monsieur vient d'y faire. on va s'y promener dans l'espoir
d'y être Seul, et de rêver à ses amours ou à ses projets; tout à coup
on vous tire de votre rêverie, vous voyez à vos cotés une jolie coquette
ou une vieille proxenete, qui Sans vous parler, vous glisse un billet
ou vous lisez; madame.- rue tournon, hôtel de Lyon, au second. ce billet
recu n'est point un engagement pris, vous êtes dispensé d'aller au rendez-
vous, Sans que la personne puisse le trouver mauvais. quel singulier
commerce! on vous livre pour une legere Somme, une fille charmante
que le besoin a ravalée dans la condition des bêtes, et qui dans une autre
condition, eût peut être fait une femme vertueuse, l'honneur de ceux ci
et le desespoir du nôtre.- tu diras toi, quel horrible commerce!
ces infamies te paraîtront incroyables. mais je n'invente rien-

l'hôtel de la monnoye a 60 toises de large, sur 14 de haut. il etoit
difficile de trouver un emplacement plus commode, plus avantageux, et
d'un aspect plus agreable. l'ensemble est imposant, et les details du plus
agreable fini. le vestibule, l'escalier, la cour, les salles tout y est
exquis et de la main des plus grands maitres. c'est a mr. de laverdy
et a mr. perrai que paris doit ce beau monument.   x

ce n'est qu'a paris qu'on travaille ainsi. nos plus belles maisons
de provinces, nos brillans chateaux ne sont plus à nos yeux qu'un
informe amas de pierre jettées sans goût et sans dessein. ici ce sont
des palais de fées, des temples des dieux. tout y respire le goût delicat,
et l'opulence active; ces belles colonnades du louvre, le palais bourbon,
le palais royal, le garde meuble de la couronne, tous les hôtel du
faubourg St honoré, toutes les maisons des boulevards, les nouvelles rües
du marais, tous ces monumens du luxe financier, du faste royal,
et du goût moderne font de paris la premiere ville du monde.
ce n'est pas assurément qu'il n'y ait bien des choses à dire, que bien d'autres
ont dites avant moi. mais malgré l'infection des fosses d'aisances, le defaut
des trottoirs, la mal propreté des rües; malgré les disparates continuels
que presentent à l'oeil offensé des maisons basses à côté des hotels superbes
la pauvreté nües et degoutante à côté des chars dorés et des rivieres de
diamants, les haillons de la misere suspendus auprès du petit duquente
malgré se----- je n'en dirai pas moins, paris est la premiere ville
du monde.

on donnoit hier à l'ambigu comique le mariage par surprise,
pierre de provence, et le repentir de figaro. cette derniere piece
de mr. parisau, est très plaisante, remplie de bons mots, de saillies
et de sarcasmes contre les maris, les juges et les grands seigneurs et surtout
d'une legere et charmante critique du mariage de figaro, dont le succès
se soutient comme par enchantement.

2 juillet   7e journée

je parcourus hier matin les boutiques des libraires et les magaz[ins]
de gravure. j'achetai selon ma louable coutume dans les uns & dans
les autres. & tout en disant, je n'acheterai plus, mon argent coule
j'achete toujours; c'est un genie qui m'entraine malgré moi, et auquel
j'obeis machinalement. quand ma bourse sera desechée, je m'en irai,
sera-ce un si grand malheur? non assurément; je te verrai, ô ma lyr[e]
et tout mon bonheur renaîtra.

je vis hier à l'opera cette fameuse iphigenie en tauride, de Mr.
gluck, suivie du ballet pantomime de la rosiere. tout le monde connoit
l'iphigenie. le ballet est d'une fraicheur, d'une precision dont rien
n'approche. Gardel qui l'a dessiné, Nivelon & Mlle Guimard firent
une sensation prodigieuse. Gardel surtout, comme il danse! d'aussi loin qu'il
paroît son port libre & degagé fait déjà lever la tête aux spectateurs.
il inspire autant de fierté, qu'il promet de plaisirs. il est parti... je le vois
s'avancer legerement à petits bonds, reculer à grands pas, et faire oublier le
comble de l'art par la plus ingenieuse negligence. tantot sur un pied,
gardant le plus savant équilibre, & suspendu sans mouvement pendant
plusieurs mesures, il etonne, il surprend par l'immobilité de son à plomb...
Et soudain, comme s'il regrettoit le tems du repos, il part comme un trai[t]
vole au fonds du theâtre, & revient en pirouettant, avec une rapidité qu[e]
l'œil peut suivre à peine... il ne se repete jamais. tout en deployant les
mâles beautés d'un corps souple & puissant, il peint les mouvements violen[ts]
dont son âme est agitée. il vous lance un regard passioné, que ses bras
mollement ouverts, rendent plus expressif; & comme s'il se lassoit bientot d[e]
vous plaire, il se releve, avec dedain, se derobe à l'œil qui le suit & la
passion la plus fougueuse semble alors naître & sortir de la plus douce
impetueux, turbulent tantot il exprime une colere si vraie, qu'il m'arrache à mon
mais reprenant soudain le geste & l'accent d'une volupté paisible, il err[e]

nonchalamment avec une grâce, une mollesse ~~&~~ des mouvemens si délicats,
qu'il enlève autant de suffrages, qu'il y à de regards attachés sur sa danse
enchanteresse.

Comment te peindrai je un spectacle, ou les yeux, les oreilles, l'esprit, toutes ~~les~~
facultés hors celles du cœur, sont également satisfaites. il faut avoir vu,
pour juger. toutes les descriptions possibles ne peuvent aprocher du charmant
tableau, dont tu me vois encore dans l'enthousiasme.

Après le spectacle je fis une promenade, au boulevard du temple, ou il
y avoit concours de voitures et affluent de beautés. de la je m'en revins me
recueillir et penser en toi. tous les jours je t'ecris, ce que je fais, et ce que je sens.
tantôt le matin, tantôt le soir je m'isole au milieu du bruyant tourbillon,
seul avec toi, je raisonne mes demarches, et quelquefois je songe à nos amours.
je compare les plaisirs que l'on goûte ici avec le bonheur de <u>ta coupe
enchantée</u>, et la comparaison est toute a ton avantage..... pourquoi donc
te quitter ? — je t'entends..—tu n'ignores point qu'on avoit les yeux fixés sur moi.
mes sorties etoient comptées & mes pas observés. il falloit mettre a calcul
en défaut, en fournissant une autre nature a la salle gourmandise des
corbeaux et des harpies qui t'environnent. je suis parti dans le dessein
de venir a paris, je tâcherois en vain le dissimuler; mais j'avois encore un
autre motif, de suspendre les jugemens, et de detourner les yeux des mechans.
il en est de la mechanceté comme des humeurs de notre corps. plus on la divise
plus on la détruit. si on la laisse accumuler sur une seule ~~partie~~ elle peut
fermenter au point de donner une explosion terrible.

illy. le gouverneur de paris donna hier soir une superbe fête au roi de
Suede. il y eut jeu, souper, promenade, comédie, illumination, & feu d'artifice.
je n'ai rien vu de tout cela, & j'en suis bien faché. 163 couverts
distribués en 27 tables sous une feuillée, dont les arbres etoient ornées de
cinq girandoles, devoient presenter un beau point de vue. tout ce que la
cour à de plus brillant, tout ce que la france ^{& de plus grand} y etoit réuni. la reine
charmante à son ordinaire fixoit les yeux et gagnoit les cœurs. le comte
d'artois vif, agréable papillonoit sur les plus jolies fleurs.

monsieur pesant cinq quinteaux mangeoit et pouvoit soutenir
apeine sa massive bedaine. le roi de Suede à coté de la vieille
doüariere de Luxembourg avoit l'air de tout voir et n'écoutoit rien.
on fait courir contre lui cette epigramme: " tutto vede, Sente pauco,
niente paga. il voit tout, Sent peu, & ne paye rien. la fête à duré
jusqu'à trois heures du matin, & la reine à couché pour la 1ere
fois de sa vie, aux Thuileries.

on devoit Lancer un ballon dimanche prochain au Luxembourg.
Le journal de paris m'apprend dans l'instant que tout est derangé. on ne
donne pas d'autre raison, Sinon qu'on à besoin de terre pour disposer le
local à recevoir la machine, excuse qui n'a pas le sens commun, &
qui prouve qu'à paris Comme ailleurs, & plus qu'ailleurs on se moque
impunément du public, de ce bon public qui ne s'en apercoit Seulement
pas. on lui promet un jour les Danaïdes, on s'y porte en foule, l'af
est changée, c'est chimène. on annonce le mariage de figaro, un ordre
arrive, c'est rodogune qu'on Substitue. les auteurs, les acteurs, les march
les femmes & le gouvernement Se font un jeu de tromper et de ves
le parisien tranquille ou Stupide, cela est il Synonime?

on le donne aujourdhui le mariage de figaro et j'irai assurément
je crois voir cette piece la coqueluche des femmes le triomphe de l'Comt
et le problème du jour. on n'entend parler que de cette comédie. on
dit autant de mal que de bien. elle a cinq à Six reputations au
& peut etre n'a t'elle pas encore la veritable. je t'en parlerai demain
avec connoissance de cause. le point Sur lequel tout le monde par
d'accord, c'est qu'il est étonnant que le gouvernement ait permis la rep
sentation d'une piece aussi hardie. il ne faut rien moins que l'ecri
et l'audace du Sieur de Beaumarchais pour donner une Solution au prob
il en à fait lui même un extrait infidele qu'il à fait lire au roi, et
mr le comte d'artois a, dit on, fait le reste.

Mon Compagnon de voyage fait Schisme depuis deux jours. je Suis Seul et
triste. l'amitié trompée n'est pas encore éteinte dans mon cœur. il est Si
cruel d'être trompé que j'aime beaucoup mieux avoir le tort d'être injuste.
ton ami injuste? ma chère Lyli, tu ne pourras le croire, ou l'air de ce
pays est bien contagieux.

              Suite de la 3e journée   x

Enfin je l'ai vu ce _mariage de figaro_ et pour n'en rien perdre j'étois
placé à l'orchestre, fort chèrement il est vrai; mais entre le comte d'Estaing
et l'auteur même de la pièce, que j'ai pu considérer à mon aise. j'avoue
que j'ai beaucoup ri. il y a des détails qui m'ont fait le plus grand
plaisir, mais l'ensemble m'a laissé un grand vuide dans l'esprit. c'est un recueil
de Saillies, d'épigrammes et de Caricatures contre les femmes, le gouvernement
les magistrats, les auteurs et le clergé: beaucoup de bons mots et des platitudes;
du comique dans les intrigues et des moyens usés; du jeu dans le dialogue, et
des tirades ennuyeuses; un Stile Soutenu, un arrondi, et peu de naturel;
la Scène toujours remplie, toujours active, et des dénouemens forcés. Est il
vraisemblable que le comte Almaviva jaloux; spirituel et libertin fasse des
écoles à chaque pas, Soit la dupe perpétuelle éternelle du mariage d'une coquette
des mensonges d'un fripon, des espiègleries d'un page, de l'amour d'une paysanne
et jusque de l'ingénuité d'une agnès? Est il naturel qu'un homme que
l'on nous peint Si Sage et Si aimable dans le _barbier de Séville_ Soit devenu
tout d'un coup assez fol pour préférer au comte infidel, un enfant
niais, un page dont le mérite est d'avoir des _bras blancs comme ceux d'une_
femme et de Sauter par une fenêtre et de voler un ruban bleu à _Sa_
belle marraine? Est il croyable que figaro Si adroit, Si Scélérat
s'amuse pendant une demi-heure à récapituler Sa vie, au lieu d'empêcher
le rendez-vous qu'il redoutoit, ou d'éclairer la conduite de Sa future
moitié? il en avoit mille moyens. Sa jalousie couverte d'un manteau
rouge imagine le plus mauvais de tous; parcequ'il étoit le plus commode

pour le denouement de cette incroyable intrigue. il y a trois autres
intrigues qui marchent de front avec celles ci, et qui pour n'etre pas plus
naturelles donnent cependant lieu a d'excellentes situations, a des tirades
plaisantes a des declamations hardies, contre le flagornage des princes,
l'injustice des rangs, la bassesse des courtisans, l'incertitude des croyances
les caprices de la fortune et les desagrémens du mariage..... declamations
bien tournées, bien saisies, et surtout bien aplaudies. pendant ces
aplaudissemens repetés, je voyois le sieur Beaumarchais sourire d'un air
goguenard; il paroissoit dire; ah! les sots qui rient de leurs sottis
il avoit raison, car le comte d'estaing riait comme moi, comme les autres.
ne sommes nous pas les moutons de panurge? que de gens qui rie
pleurent aiment & haïssent à station! bon soir, ma chere Lyli,
je suis fatigué, je vais me coucher.

3 juillet matin.   8e journée

je viens de me reveiller en sursaut, croyant être en province, apell
par le devoir, j'ai eu besoin du bruit des carosse et de deux minutes de rep
pour être assuré que j'étois à paris. alors, j'ai oprouvé que tout ce
que je pouvois voir ici ne valoit point ma Lyli. un degout etonnant
s'est repandu comme un nuage epais sur les plaisirs factices que j'ai
sous ma main. quel bonheur peut on gouter dans un pays ou les
femmes ne sacrifient qu'a l'argent! elles ne daignent pas meme cacher
leurs viles intentions; elles les annoncent sans pudeur. l'homme de ...
trompé par des aparences decevantes se sauve la rougeur sur le f
et le remords dans le coeur. la corruption est un mal sans doute; mais
quand la corruption est affichée, le vice venal, les femmes à l'enchere, la relig
l'honneur et la vertu ne sont plus que des mots surannées; quand les c
sont abatardis au point de ne plus connoitre la nuance qui sep
le bien & le mal, alors la gangrene est dans le coeur; et le mal es
incurable. c'est ce qu'on voit ici.

_ le gouvernement devroit s'occuper du remede. — quand il le voudroit, le
pourroit il ? non ma chere, le gouvernement tolere l'infamie, de peur d'un
plus grand mal, et voici une anecdote que je tiens de la personne interessée.
Le Marquis de Bourepos aimable roué, las des conquêtes aisées que lui
offroit la cour vient mener son ennui à la ville, s'adresse à la
fille d'un boucher ; trouve moyen de lui parler, la séduit, l'enleve, et
va se renfermer avec sa proye dans sa petite maison. Le plaisir tue
l'amour chez les gens de condition. bientôt celui-ci dégouté, renvoye l'infortunée
qu'il venoit de deshonorer, pour voler à de nouveaux forfaits. cependant la
mere desolée va se jetter aux pieds du ministre de la police, denonce
le criminel et demande vengeance. " vengeance madame ! ah ! ce n'est
pas ainsi que nous raisonnons. il faut des putains sur le pavé de
paris, et autant vaut votre fille, qu'une autre." reponse atroce, effrayante
et capable de desesperer toutes les meres. le Cannibale qui ose ainsi se
jouer des loix divines et humaines, qui ne craint point de tourner le
poignard dans le cœur d'une mere affligée ne merite t'il pas d'être etouffé
dans les flammes, ou tourmenté sur la roue ...... j'ai vu la
petite Bouchere elle est très jolie. bouche mignonne, grands yeux bleus et
très tendres, gorge elastique et bien placée, taille svelte, peau douce et
jambe fine. Elle est retirée chez une tante qui prend pitié de Sonsort
et s'occupe à apaiser les parens qui ne veulent pas la revoir. à 15 ans
n'est-ce pas avoir déja fourni toute la carriere du malheur?

Soir

j'ai vu aujourd'hui deux museaux. mr Leon qui a la vue courte, et mr
le maire Posset qui n'a pas l'esprit plus etendu. ils n'ont pu me reconnoître,
et je me soucois peu de leur en fournir les moyens. j'ai fait cette belle rencontre
en allant aux italiens, ou j'ai entendu dans l'ami de la maison, ce
joli duo que ton frere aime & chantoit cet hyver, tout ce qu'il vous
plaira. tu trouvere peut être, ma bonne amie, que je te parle trop

courent des spectacles ; mais outre que c'est un de mes plus grands plaisirs
que d'y aller ; je t'assurerai que c'est presque le seul dont j'aime à parler.
avez d'autres avant moi on decrit les maisons, les promenades les curiosités
de paris : tu liras ces descriptions quand tu voudras, elles sont imprimées
mais personne, que je sache, n'a pu faire l'histoire des impressions que
j'eprouve au theatre. sur cent personnes, il n'y en a pas deux qui sentent
et qui soient de la même maniere. deux mots seulement des trois grands
spectacles de paris. il est remarquable que les trois salles de l'opera
des françois, et des jtaliens soient bâties depuis trois ans.

l'opera du palais royal fut brulé en 1781 ; je dois m'en souvenir, car je
faillis à être la victime de ma curiosité. le public devant se trouver
privé de la jouissance de ce spectacle pendant un long espace de tems, il a
été construit provisoirement sur le Boulevard de la porte St martin,
une salle où l'academie royalle de musique put continuer ses representations
en attendant qu'il plût à sa Majesté de determiner l'endroit ou l'on placeroit
ce spectacle par la suite. quoique ce batiment ne soit qu'en charpente
il annonce un batiment solide, et fait infiniment d'honneur à l'architecte
qui en a conçu le plan, ingenieux & commode. malgré l'immensité des details
et la richesse du decore, cette construction s'est faite avec une celerité dont
n'y a pas d'exemple.

l'interieur de cette salle offre au niveau des seres loges, un cercle parfait coupé
par l'avant scene. le parterre a 13 pieds et demi de profondeur sur 43 de
largeur a l'aplomb des loges, sous lesquelles il se prolonge encore de 12 pieds
de chaque coté. l'Amphitheatre de 35 pieds de large occupe le fonds de la
salle. 4 rangs de loges en occupent la hauteur. la partie des quatriemes
faisant face au theatre, forme ce qu'on apelle le paradis, au dessus duquel
sont encore des loges à treillis

le public paroissant douter de la solidité d'une construction faite en 75 jours
et l'autant de nuits, on profita de la naissance du Dauphin pour lever tous
doutes. le 25 octobre l'ouverture de ce nouveau theatre, fut faite par un
spectacle gratuit ou il y eut une affluence qui constata la solidité du
monument. c'est ainsi que des brigands sous le nom d'administrateurs

ne craignent point de Sacrifier la partie pauvre du peuple a la Sureté
de la partie riche qui les Soudoyent.

Le Superbe monument du théâtre françois situé sur l'emplacement de l'ancien
hôtel de Condé, près le Luxembourg est le resultat des talens réünis de
mrs de Wailli & peyre architectes du roi. l'interieur rassemble toutes les Commodités
possibles. les spectateurs tous assis, l'assemblée est moins tumultueuse & on
y jouit mieux du spectacle. la façade Simple & noble, s'annonce
majestueusement par un peristille en l'air décoré de huit Colonnes d'ordre
d'orique parfaitement executées. le grand foyer consacré à la memoire
des auteurs qui ont illustré la Scéne françoise, est orné de cinq glaces, qui
en propageant la lumiere, semblent en augmenter encore l'étendüe.
l'interieur de la Salle forme un rond parfait. cette forme a paru réünir
les suffrages en ce qu'elle raproche l'avant scene du centre. trois vangs
de loges et la galerie, outre les soubassures qui contiennent des loges à l'année,
cette disposition des loges en retraite les unes sur les autres est avantageuse
pour la voix qui s'étend progressivement en montant. toute la Salle est
peinte en bleu de ciel sur lequel les ornemens se detachent en blanc.
il n'y a aucune dorure. le Lustre est d'une forme neuve & brillante.

Le théâtre italien elevé sur l'emplacement de l'hôtel de choiseuil
d'après les desseins et sous la conduite de mr heurtier, est isolé sur trois
faces. l'interieur de la Salle offre une forme ovale divisé en trois
rang de loges, amphithéâtre, parterre, parquet et galerie tournante tenant
lieu de troisieme loges et de paradis. tous les ornemens sont dorés sur un fonds
de marbre verd-Campan. ce fonds est le même partout, à l'exception du
rideau et de son retroussis, dont le fonds est rouge. cette la Salle contient
1933 personnes environ. les prix des premieres, du parquet et de
l'amphithéâtre, sont de 6#: des Secondes, 3#: des les 1# 16s:
du parterre 1# 4s

24. 1.er juillet   9.e & 10.e journée

Les parisiens sont pétris, d'amour propre; ils croient de bonne foi
qu'on ne peut vivre que dans leur ville: partout ailleurs on vegete.
il est vrai qu'aucune autre ville du monde ne rassemble autant de
richesses, autant de Spectacles, autant de goût. toutes les provinces, les
royaumes étrangers s'empressent d'aporter ici le tribut de leurs hommages
de leurs productions & de leur industrie en y cherchant le plaisir
ou l'instruction. il y avoit hier aux françois trois Souverains;
le roi de Suède, le prince royal de prusse, et le prince de Salm.
on attend, dit on, un frere ou un fils du grand Turc. cette affluence
d'étrangers, ce concours de puissances joint à la grandeur réelle de la ville,
peut justifier jusqu'à un certain point l'orgueil des parisiens.
mais, ma bonne amie, croirois tu qu'à tant de grandeur on pût
reunir tant de petitesse. je ne parle pas des femmes qui n'ont
qu'une passion bien honteuse, celle de l'argent. je parle des hommes
ces hommes de la bonne compagnie, d'un goût universel, que toute la terre
ayent admirer sont des enfans en politique, en morale, en littérature
tous ont une surface agreable, c'est un jargon charmant. mais n'appuyez
pas, car vous trouveriez le roc. En effet comment seroient ils instruits
ces hommes, qui lisent les affiches, courent les Spectacles, sont aux
promenades, font cent visites par jour, savent l'anecdote du moment
et la nouvelle la plus récente? ils ne cherchent que la fleur du plaisir
comme de la Science: ils veulent parler chimie avec mr Proust,
Astronomie avec mr la lande, Ballon avec mrs de Montgolfier.
ils parlent de la langue avec un academicien, et du ministère avec
un politique; ils ne sont neufs sur aucun objet. et de toutes ces differ
langues, la seule qu'ils parlent avec facilité, c'est celle du libertinage
avec comtat, Adeline colombe, et chouchou, ou celle encore des
Spectacles dont ils ont fait un cours particulier.

— mais cela n'est pas general — j'en conviens : je dis seulement que tel qui
avec la vanité la moins dissimulée, dit hautement, on ne vit qu'a
paris, feroit une très mauvaise figure en province.

ces hommes si opulens, sont dur, cela est naturel : ces hommes environnés
de spectacles de toute espèce, sont plus curieux, plus avides de la moindre
bagatelle que la plus curieuse et la plus novice des provinciales : ces hommes
qui ont la plus grande idée de leur existence ne se doutent pas des moyens
de la rendre heureuse. ces hommes cosmopolites vivans avec des gens de toute
nation, sont depaysés, niais, imbecilles dès qu'on les promeine hors de leur pays.
cependant il faut convenir que leur conversation est très aimable, quand ils ne
parlent pas d'euxmêmes. ils n'ont ni l'esprit tracassier, toujours dangereux,
ni l'esprit lourd toujours bavard, ni le petit esprit toujours defiant, ni l'esprit
decousu, toujours importun, ni l'esprit pedant toujours à charge. le secret
d'amuser n'est pas revelé à toutes les personnes d'esprit; mais presque tous
les parisiens ont le talent d'eviter d'être ennuyeux, et rendent leur conversation supportable
par la legereté qu'ils y mettent.

En province sur une question, beaucoup de gens font dix reprises, d'autres d'après
une réponse font dix questions. plusieurs interrompent une narration qui
attache pour faire souvenir d'une particularité qui n'est d'aucun intérêt, ou
pour faire une objection qui n'est d'aucun poids. tout le monde veut être
écouté; presque personne n'a les moyens de meriter qu'on l'ecoute. d. jebory
est un conteur excellent; l'art de conter est agreable mais il en faut être econome.
le plaisant d'habitude est moins supportable que le conteur, et le politique pis
encore que les deux autres. un homme d'esprit qui parle sans cesse, ne cause pas
il raconte ou il dissecte; c'est un espèce de lecteur qui fatigue d'abord & qui
finit par ennuyer. c'est de l'imagination, de la varieté, de la gaité, quelquefois
de la folie qu'on attend de la conversation; & non pas de la mémoire,
faculté très precieuse, mais qu'on rend redoutable par l'opiniâtre abus qu'on en fait:
tel est le petit maître de la couture qui a reçu tout son esprit en memoire,
et dont les trophées se bornent aux éloges de la petite cotterie ou il est
circonscrit.

ce défaut n'est pas sensible à paris par l'habitude qu'on y contracte de
parler de tout, de s'interdire le ton haut & les gestes, ... que le bon ton
reprouve et qui ôtent à de très bons propos plus de la moitié de leur prix.
les parisiennes surtout joignent à l'heureuse facilité de parler avec agrément
sur différents sujets, le tact d'amener sans affectation celui qui convient
davantage au lieu, au moment, à la circonstance. Elles feroient parler un muet.

ce qui rend nos conversations si froides, si languissantes, c'est qu'on charge
trop des personnes, & pas assez des choses. dans l'embarras causé par la stérilité,
on demande à l'un l'histoire de son procés, on fait entrer un autre dans les
détails de la maladie de son grand père, on parle des arrangements de la
semaine, des emplettes qu'on a faites, des infortunes au jeu, des sollicitudes pour
avoir, ou pour placer un domestique, des détails, sur la femme de son boulanger
qui fait des chemises, sur les filles qui font des robes ou de la dentelle, l'ainée
est touché, la seconde est jolie, la troisième est bossue &... qu'ai-je affaire
de tout cela? l'habitude d'être dupe de ces parleurs m'a souvent empêché
d'écouter des choses très bonnes & très piquantes. les distractions me gagnent
malgré moi, et je suis souvent bien loin de l'orateur qui ennuye ou
intéresse dix personnes de bonne foi.

il faut rendre justice à une jeune personne que tu aimes, à celle ...
je ne connois aucune femme dont la conversation m'intéresse autant que la sienne
il est vrai qu'elle réunit tout ce qu'il faut pour bien causer. de la justesse,
de la facilité, de la politesse, de l'usage du monde, du goût, de l'imagination
de la légereté & de la grace. Elle écoute avec interêt, elle sent tout ce qu'on dit
et ne dit pas toujours, tout ce qu'elle pense sa physionomie pleine d'expression
peint les différentes situations de son âme, et la trahit au moment
que sa bouche dissimule. je t'ai dit bien des fois qu'elle avoit sacrifié
sans murmurer les talens brillans qu'elle a reçus de la nature et qu'elle auroit
pu cultiver avec succès, à l'opinion qu'elle méprise, et au desir d'une
mère qu'elle craint. sa reserve rien impose, sa sensibilité me la fera toujours
aimer, son indulgence la fera chérir de tous ceux qui la connoîtront.

je vis hier aux françois le roi lear nouvelle pièce de mr. Ducis,
médiocre, mais pleine de situations intéressantes. un roi timbré qui à cedé
son trône à une fille parricide et chassé la vertueuse Elmonde, la seconde
de ces filles qui l'aime et le sert malgré lui, [ce roi] veut remonter d'un œil même
trône; mais le moyen quand on est seul, au milieu d'un bois, exposé à un
orage affreux qui dure trop longtems! Elmonde se trouve à point nommé
avec le cher Kent, pour sauver son père, poursuivi par les éleurs et par
son gendre. mais le bonhomme tout accès de folie augmente de moment à
autre, rejette et ne connoit point son intéressante fille, ne se souvient
seulement pas qu'il à été roi, fait des imprecations contre la nature, les dieux
les enfans; tandis que d'un autre coté la jeune Elmonde invoque les âmes
sensibles, le cher quinquint, les végétaux, les sucs nourriciers; voila
une intrigue nouvelle, mais tout s'éclaircira; le duc d'albanie qui avoit
d'abord pris le parti des enfans rebelles, change tout d'un coup, on ne sait
pourquoi, et va se ranger sous la bannière de son ancien roi: le bon
sens n'attendoit que ce moment heureux pour rentrer dans la tête du vieux
monarque, qui donne sa fille en mariage à son libérateur; et pardonne
aux enfans dénaturés qui l'avoient si honteusement chassé. voila tout.
malgré l'invraisemblance de cette fable et des caractères, il faut convenir
qu'elle renferme de grandes beautés; on ne soit [point] sans attendrissement ces combats
de la nature dans le cœur outragé d'un père sensible. un auteur est sur
d'intéresser quand il présentera sur la scène ces tableaux pathétiques
d'une fille qui veut sauver son père, d'un père qui chérit ses enfans
malgré leur ingratitude, d'un roi qui souffre les malheurs attachés à
l'humanité.
le françois à londres de mr. de Boissy, fut la petite pièce. du gazon
et [...]fleuri nous amuserent infiniment.
j'ai revu pour la 2e fois la collection de tableaux du palais royal. c'est
la plus curieuse et la plus riche de l'europe, après celle du roi. elle est
composée de toutes les écoles.

La vie de paris est plus monotone que tu ne penses et que ne semble
promettre la varieté de ses spectacles, de ses promenades et de ses curiosités.
le matin quelques visites, le soir la comedie, suivie de la promenade,
voila ma vie et celle de tous les oisifs du pays. d'un jour à l'autre il n'y a
de differrence que quelques circonstances; du philosophe a l'homme commun
il n'y en a d'autre, que la maniere de voir. les tableaux sont les mêmes,
le point de vue varie, ainsi que l'organe de ceux qui les jugent. ce
pauvre malheureux du pont neuf qui reclame au nom de dieu quelques soula-
gemens, m'interesse visement, tandis qu'il frappe apinu le tympan du
magistrat qui l'a reduit en cet horrible etat, ou du financier qu'il a servi.
ces porte faix qui jurent, ces coquines qui se vendent, ces carosses qui
m'eclaboussent, cette foule de gens de toute espece qui m'environne et
se ... pour me laisser passer, ces marchands qui m'ont trompé, ces
palais qui m'en imposent, tous ces objets frappent l'observateur eclairé,
et sont perdus pour la foule; lui rendent la scene moins uniforme; tout le monde ne voit pas
avec reflexion les femmes enluminées, les jeunes gens brillants, les chars dorés,
les riches insolens, les pauvres ecrasés, l'habitude de voir tout cela fait
qu'en general on n'y fait pas d'attention. les sottises ... les traits spirituels
les journaux, les actrices et les ministres, sont connus et jugés par le
cordonnier du coin, par l'oisif du caffé de foy et par l'homme de lettres
qui travaille dans son cabinet. mais quelle varieté dans ces jugemens!

hier en sortant de la comedie françoise j'entendis faire le plus grand eloge
du seducteur de mr le marquis de bievres, qu'on venoit de representer; un
peu plus loin on disoit que cette piece n'avoit pas le sens commun
le roi de suede qui s'y trouva fut applaudi, par les uns fondé par les
autres. un tailleur disoit au curé de cr... que le dormeur eveillé
etoit le chef d'oeuvre de notre siecle, et un connoisseur dit que c'en est la
honte. c'est ainsi que nous passons la vie à nous censurer, à nous

contrarier, à rire les uns des autres; et cette contradiction perpetuelle
dans nos sentimens et dans nos discours, est peut être sagement etablie pour
rompre l'ennuyeuse monotonie de nos actions.

Un de mes amis qui lit ce que j'ecris, trouve cette derniere remarque
fort juste, & rencherit encore sur ma pensée, en disant que nous ne
sentons notre existence que par la dispute. il est vrai que si tout le monde
disputoit comme lui il y auroit du plaisir à rompre des lances. de la
bonne gaité, de la politesse, des connoissances agreables, de l'egalité surtout,
ces heureuses qualités forment son caractere et ne rendront jamais ses
disputes fatigantes, ni sa façon de penser dangereuse. il y a des gens qui
vous assomment par leurs histoires, ou leurs systemes. ils ont tout su, excepté
l'ennui qu'ils vous inspirent, ils connoissent tout hors les regles de la conversation;
avec de pareils animaux la dispute est mortelle. avec mr Vallée c'est autre
chose, on gagne beaucoup à l'entendre, & l'on ne perd rien de ce qu'on dit.
tu veux savoir ce que c'est que mr Vallée;— c'est le frere de cette
charmante Angevine, si belle, si bonne, dont je t'ai parlé tant de fois, et
dont tu m'as cru bien amoureux. rassure toi ma chere Lyli, elle n'est pas ici,
et quand elle y seroit, serois tu jalouse?. . . . . . .

je suis allé consulter ce matin mr Mesmier sur la surdité qui
afflige cette aimable personne. mr Mesmer celebre dans toute l'Europe
par son magnetisme animal, par ses traitemens extraordinaires, par des
cures miraculeuses ne m'a paru qu'un bon gros Allemand couvrant
comme les anciens oracles son ignorance et sa reputation par des questions
laconiques & des reponses misterieuses. des cheveux noirs, gras & pendans,
un bonnet de marmiton qui couvroit son chef, une robe de chambre ouatée
et percée à jour, les mains derriere le dos, une figure pleine et assez
reguliere, un mauvais langage moitié françois, moitié tudesque, voila tout
ce qu'il offrit à notre curiosité. voila pourtant cet homme fameux
dont on s'entretient depuis trois ans, qui a excité le plus grand

enthousiasme dans toute la france, et qui a gagné un million cette
année. je hais les charlatains, celui ci en est un, il n'y a pas de doute
mais comment reussit il à faire naître et a soutenir l'engouement public
cela est incroyable. mr. court degebelin auteur d'un froid ouvrage nommé
le monde primitif a été l'apôtre enthousiaste du magnetisme et a fini
par en etre la victime. c'est mort dans les convulsions mesmeriques qui sous ce rapport
sont bien plus dangereuses que celles des bienheureux paris. ce magnetisme est
un fluide réel que mesmer ou ses adeptes rassemblent par quelque procédé
connu deux souls, et qu'ils dirigent sur certaines parties du corps humain.
on m'assure que c'est un espèce de charme qui vous tient comme enchanté
et dispose les jeunes femmes surtout à recevoir tout ce qui s'offre a elles
ce sont des orgies voluptueuses qu'on ne revele point, mais qu'on devine, con[?]
il faut payer cinq louis d'or pour entrer dans la chambre des crises
matelassée depuis le haut jusqu'en bas. en sortant de ce redoutable sanctu[aire]
on a, dit on les membres disloqués, la respiration haute, le coeur satisfa[it]
et les sens dans un état de beatitude dont on ne voudroit pas sortir.
reduisons ceci à sa juste valeur: le fluide magnetique, communiqué par
mr. mesmer, exalte l'imagination autant qu'il echauffe le temperrament.
les jeunes seigneurs qui ont donné cent louis à mr. mesmer pour
aprendre son secret, profitent de cette disposition pour jouir de certaines
les femmes, trompées par l'apareil de la science. d'apres ce calcul mr.
mesmer avec sa reputation. seroit donc qu'un vil proxenete... — —
je n'ai point eté magnetisé parceque je n'ai pas voulu donner cinq louis
La maladie de melle Boisrenaud n'etoit qu'un pretexte, la curiosité, le desir
de voir un homme fameux, cetoit le motif de notre demarche. Sa
porte n'etoit point asiegie de 15 ou 20 voitures, comme on te l'a dit.
il n'y en avoit pas une. il demeure rue coquerón pres de la
rue platriere! - - Le gouvernement ouvrira t'il les yeux? ah il y a
tant d'autres abus sur les quels il ne les ouvre pas davantage, qu'on seroit tenté
à presumer une connivence, si on ne connoissoit la sagesse, et la probité...—

Il faisoit si chaud hier que je preferai la promenade aux Thuileries,
au Seigneur bienfaisant opera de mr. rochon de Chabannes,
dont on dit beaucoup de bien. je restai au palais royal jusqu'à minuit,
ou s'y portoit. Les femmes & les hommes semblent choisir cette heure
pour arranger leurs parties secretes. on n'y distingue point les etats.
depuis la duchesse jusqu'à la fille d'opera tout est egal. la plus illustre
est celle qui a le plus aux de la nature: et la chantrie vaut mieux
qu'une imperatrice. on peut apeller ce jardin le congrès de Cythere.
pour mon compte je fus presenté à une jolie femme, auprès de laquelle
je dus faire un sot personnage. soit que le jeu me deplut, soit
que mes dispositions fussent mauvaises, je ne cherchai point à plaire; et
plus occupé du tableau mouvant que j'avois devant les yeux, que de ma belle
voisine, je repondois par monosyllabes, aux cent questions precipitées qu'elle me
faisoit. lorsqu'elle me proposa une place dans sa voiture, je dis que j'avois la
mienne. elle m'indiqua l'heure à laquelle elle etoit visible, je fus distrait:
enfin elle se leva sans que je temoignasse aucun empressement, elle partit
avec une bien mauvaise opinion de moi. et je restai sans gloire & sans
emotion.

nous n'irons point à Londres, comme c'etoit notre projet. le capitaine
de vaisseau qui devoit nous transporter à Bath, las de nous attendre,
est parti sans nous, 1re raison. le defaut d'argent 2e raison. il nous
faut pour ce voyage 10 louis par tête, et nous en sommes bien loin.
ce sera donc pour une autre année. je veux absolument voir ces belles
Angloises si blanches, si sensibles. on dit qu'elles font goûter le plaisir
sans le partager; je ne veux point d'un plaisir s'il n'est partagé:
et je soutiens qu'il est impossible . . . .

ordre de faire guider dans quinze jours et d'abbatre toutes les echoppes qui deshonoraient
les quais. les cour du louvre, les places du carrousel &c. il y a, dit on quinze cent familles
sur le pavé, par cet ordre subit.

Mercredi la chaleur fut excessive, & nos courses se terminerent aux
Thuileries que j'aime beaucoup. la matinée chez Mde Guidon; et le Soir
j'allai voir jouer cette interessante Nanine, dont la lecture t'arracha
des larmes ce fameux Soir que je n'oublierai jamais. la Salle étoit
presque vuide, de ma vie je n'ai vu de representation aussi Sterile
on auroit dit d'un Sermon. j'étois à lieu de faire cette Singuliere
comparaison, j'entrai il y a huit jours dans une eglise qui retentissoit
d'une voix de Stentor; je vis un homme enlumine, qui se debattoit
comme un energumene, en tonnant contre les vices du Siecle, au milieu
de quatorze auditeurs y compris le Sonneur & le Marguillier, qui
l'ecoutoient Sans beaucoup d'attention. je dis quatorze, je n'en diminue
pas un, car je les comptai. je comptai aussi les Spectateurs de
Nanine. tant des loges que du parterre et je n'en fis que 184, ce
dans la proportion n'est pas plus nombreux, mais bien plus extraordi...
qu'à l'eglise. la raison de cette desertion, c'est que la comedie est
peu Suivie, à moins qu'elle ne Soit nouvelle. on court avec ar...
à la tragedie par ce que les emotions qu'elle donne Sont toujours
fortes et qu'elle Semble d'ailleurs rendre au parisien exercé cette vi...
cette energie qu'il a perdüe et dont elle lui retrace les tableaux
la comedie fait rire, et peut être est il plus difficile de faire rire
que d'arracher des larmes, voilà pourquoi nous avons Si peu de bo...
comedies. mais on ne rit qu'une fois d'un trait plaisant & d'une
Situation comique. l'impression qui reste du premier effet, affoib...
necessairement le pinceau de la Seconde representation.

hier jeudi je retournai aux françois: on donnoit mythridate
excellente piece de racine. la Salle etoit brillante: j'étois on ne peut
plus content. Mlle Sainval a rendu son rôle avec un interêt, une
sensibilité qui m'a arraché des larmes delicieuses. Ses accens vont au
cœur: Et quoiqu'inegale, elle est infiniment Superieure à Mde Vestris.
je Suis, comme tu vois, au courant des acteurs et des actrices; — voila
déjà quinze jours ecoulés dans la grande ville, et quels quinze jours!
bon Dieu! comme le tems passe!— mais je n'en Sortirai que pour
voir ma chere Lyli. cette douce esperance calmera les regrets que
la Capitale laissera dans mon ame. je partirai Sans foiblesse.
je t'ai dit que j'avois pleiné quand la 1ere fois j'avois quitté
ces lieux enchanteurs: mais je ne te connoissois pas, et rien ne
remplaçoit dans mon cœur flétri. le vuide que devoient y laisser l'absence
de ma Lyonnoise & l'eloignement de paris.

9 juillet   -15e journée

je rentre à midi contre mon habitude; mais il fait un tems Si
abominable, qu'il ne permet ni les courses de Curiosité, ni les visites d'oisiveté.
les oisifs Sont très communs ici, plus communs qu'ailleurs. quand on
n'aime point à vivre avec Soi, il est avantageux de les rencontrer: et
en verité cela n'est pas difficile: ils jouent aux echecs dans les caffés,
parcourent les nouvelles brochures chez les Libraires, examinent les chiffons
chez les marchandes de modes, vous en trouvez dans tous les lieux publics.
j'en ai entendu faire un portrait frapant par Mde de Sonnenci
femme autour de beaucoup d'esprit et qui paroît bien juger les hommes.
je Suis en etat de le rapeller de memoire, tant il m'a interessé par
Sa verité et Son coloris.

L'homme oisif a cinquante amis intimes, cent personnes qu'il croit dans l'obligation de cultiver. Vingt comptent sur lui le même jour, dix l'attendent à souper. Qu'il choisisse, mais il ne suit à qui entend il a mille emplettes à faire, car il s'y connoît à tout. C'est lui qui fait la provision de café, de tabac, de vins & de liqueurs de toutes ses connoissances, qui leur fait venir des poulardes du Mans, du beurre de Rennes, des patés de périgueux, des jambons de Mayence, du miel du Gange, des olives d'Espagne.

Il vous dira le nom de tous les selliers, de tous les brodeurs, lapidaires et bijoutiers de paris. Il sait ou l'on trouve les meilleures lunettes, ou se vendent les meilleures pastilles &c..... Il est toujours pressé, toujours en l'air. on le trouve partout, aux spectacles, aux concerts, aux promenades, aux revües, aux entrées d'ambassadeurs, aux enterremens, aux grandes executions, tout le monde veut l'avoir. il joue tous les jeux. il est informé des premiers de toutes les morts, de tous les mariages, de toutes les banqueroutes, de toutes les historiettes, de toutes les tracasseries. il annonce les brochures nouvelles, en dit son avis sans les avoir lües. il a chez lui tous les mercures, toutes les gazettes, toutes les feuilles periodiques, mais il ne lit que les petites affiches. il est maquignon, brocanteur. c'est un homme dont on se sait gré, quand on le connoît. il est complaisant, obligeant, soigneux, empressé. il regle les montres, afferme les loges, fait avoir des billets de bal, place des domestiques, donne des ouvriers. c'est une vie fort agitée, que celle de l'homme oisif; il fait en un jour ce que l'homme le plus laborieux ne prendroit pas de faire en un mois.

J'aime mieux être seul, rêver en toi, ou t'écrire ô ma charmante amie que de rencontrer de pareils importuns. au milieu de paris j'ai du plaisir à me retirer et à vivre solitairement. le bruit des voitures les cris de toute espèce, les brouhahas ne me causent pas la moindre distraction, j'y suis accoutumé.

même jour, soir.

ne pouvant parvenir jusqu'à figaro que la foule environnoit, nous
avons été obligé de nous rabattre sur les italiens, qui nous ont donné
deux mauvaises pièces. Ariste comédie triste, larmoyante, pleine de lieux communs
sur la dureté des peres, la foiblesse idolatre des meres, le libertinage des
enfans, morale rebattue cent fois, & cent fois mieux écrite dans jean-jacques,
diderot, Genlis & autres docteurs de cette espece. d'ailleurs les italiens
ne se doutent pas de la maniere de jouer la Comedie; ce n'est point leur
ballot. ils devroient s'en tenir aux operas comiques, et mettre en scène souvent
les deux Colombes et Dugazon pour femmes, clairval, chenard, granger
& michu pour hommes; si à cet avantage, ils ne vouloient point louer
toutes leurs secondes et troisiemes loges pour obliger de prendre les premieres
& le parquet a 6# leur theatre seroit plus suivi, et je suis persuadé
qu'ils y gagneroient un tiers de plus. ils ont pour mille soixante livres
de loges affermées par jour, ce qui fait par an 381,600#. cette recette
toujours assurée, les rend presque maitres des conditions; ils se negligent, ils se
moquent impunément du public qui reclame en vain des droits qu'on lui
conteste tous les jours. Ariste a été suivi du temple de l'hymen quadre
heureux, mais mal rempli, si ce n'est au dernier acte, par excellent jeu de
trial & de Carline; je n'ai jamais vu d'aussi grand Amour, il avoit au moins
cinq pieds quatre pouces; ni d'aussi laid hymen, il ressembloit aparemment......
le Roi de Suede est venu s'ennuyer avec nous. il est parti avant la fin de
la piece, pour ne pas se detraquer la machoire a force de bailler.

Revenons a figaro. l'engouement subsiste a la 26e representation, et le
concours y est aussi grand qu'à la 3e; elle ira, dit-on, jusqu'à 60; inconcevable
succès, et qui doit à la fois faire le triomphe de mr de Beaumarchais
et le desespoir des partisans du bon goût. Ce n'est assurément point une
comedie, car pour faire une comedie, il ne faut rien pas que de l'esprit. la
piece en est remplie, l'auteur a connu & saisi les tons et les ridicules de la
bonne compagnie; personne n'est plus méchant et plus audacieux, il n'en faut

pas tant pour piquer la curiosité. qui n'a pas vu figaro n'oseroit presque se montrer. on chante le vaudeville, on cite des morceaux les saillans... la pièce n'est point imprimée. c'est encore une adresse de l'auteur qui n'a requis cet embargo que pour entretenir la chaleur des representati[ons] exciter les critiques qu'on lui prepare, et vendre son ouvrage plus cher le rendant plus rare. c'est un excellent calcul.

10 juillet Samedi   16e journée

On ne parle aujourd'hui que du Ballon qui doit être lancé demain au Luxembourg. il y aura quatre voyageurs aerostats. les femmes de Peris prononcent ce dernier mot avec beaucoup de grace. Pour la forme, la grosseur et les preparatifs, on n'en a point encore vu de pareil. nous verrons s'il répondra aux esperances qu'on donne. j'en ai déja vu les preparat[ifs] c'est à dire un foyer en fer blanc, des grilles, des tuyeaux et une enceinte.

nous avons eu aux françois, iphigenie en Tauride pièce de mr guimond de la touche, pleine de tirades magnifiques, de vers bien frappés, de situations interessantes; mais trop chargée de maximes, de Sentences, Suivie de ces declamations forcées, usées & rebattues contre les Sacrifices Sanguinaires et les funestes effets de la Superstition. les vers decousus tombent un à un et deviennent fatigans par leur monotone apareil. ce n'est point ainsi qu'éc[rit] Racine. du reste la Scene du combat de l'amitié entre oreste & pilade, celle de la reconnoissance entre iphigenie & oreste sont de la plus grande beauté et m'ont fait beaucoup pleurer.

j'ai revu aujourd'hui une de mes anciennes connoissances de trois ans, femme Superbe. Elle m'a reconnu la premiere, et la reconnoisance a pris la tourn[ure] de la tendresse. tu crois peut être que c'est cette Lyonoise, dont je t'ai p[arlé] si Souvent, et qui m'aimoit veritablement; point du tout. je l'ai cherch[ée] en vain, je la crois dans Son pays. Mlle beaujour est une coquin[e] nouvellement Sortie du fort l'évêque, entretenue par un voué; Ses charmes et ses avances ont échoué contre l'horreur que m'avoit inspiré son état et la connaissance que j'avois de ses fredaines. malheureuse créature lui ai-je dit, qui n'avez reçu toutes les grâces de votre sexe que pour les prostituer à la plus vile espèce, dont l'âme est noircie par tous les vices; — hélas, monsieur, me dit-elle dit en pleurant, si je suis une coquine, je ne dois, je ne puis en accuser que les hommes; qui m'ont séduite, trompée, avilie. j'étois née pour être vertueuse. — cela peut être, mais dans l'état où je vous vois, pourquoi profanez vous cette vertu, que vous ne semblez invoquer que par dérision? — je me sauvai après cette belle morale, et la laissai, ma foi, la bouche ouverte; avec une phrase en l'air, que je crus par la curiosité d'entendre.... tu ne t'attendois pas à un pareil dénoûment. dis encore que je ne suis pas corrigé.

11 juillet dimanche matin.   17e journée

Notre voyage de Versailles est dérangé par le ballon qui doit partir aujourd'hui à midi. nous n'irons que dans huit jours. Car ce n'est que le dimanche, qu'on peut voir le roi dans ses différens exercices de piété à son dîné ou à la promenade. le reste de la semaine il est à la chasse, et n'est visible que pour un petit nombre de familiers.

que font des vaines clameurs; contre la politique, éclairée soutenue par toutes les forces militaires de la france? On peut les comparer aux cris impuissans du peuple aquatique, contre le maître du tonnerre.

Dimanche Soir

ce beau ballon d'une grosseur extraordinaire, annoncé avec tant de [...]
executé avec tant de frais, entouré de tant de monde, hebien, il n'[est]
point parti, malgré les vœux de quatrecent mille Spectateurs, et les
efforts Surnaturels de MM. myolens, janinet & d'orlande. c'est une
lacade plus humiliante que celles de l'oratoire de nantes, & la couture
parce qu'elle est faite Sur un theâtre plus grand & plus éclairé. MM.
chesneau, le breton & consors n'avoient d'autre ambition que de s'illustrer
dans la petite ville qui devoit etre temoin de leur petit triomphe. leurs
petits lauriers, se sont changés en petits cyprès; cette balance est [...]
de la justice commutative. mais mrs myolens & janinet vont décevoir la
faible de l'europe entière qui avoit les yeux fixés Sur leur operation.
les mêmes papiers qui l'avoient annoncée, vont en publier le désastreux denou[ment]
et multiplieront les epigrammes contre les malheureux aérostats. dans c[e]
paysci le Succès détermine toujours le jugement, et malheur à celui qui
eprouve des revers, à coup Sur et à tort. mr. l'abbé myolen n'eut[...]
Sans doute d'appeller tout paris à Son experience. pour mon comp[te]
je me Suis mêlé-du ceux Secret les tours de la nouvelle e[t]
de Ste Geneviere. le ballon devoit partir à Midi. à 2 heures
las d'attendre, je Suis descendu, et j'arrivai dans l'enceinte même de l'exp[...]
precisement au moment que l'inventeur attachoit jettoit les derniers c[...]
c'etoit un seul colops, dont les dimensions en tout genre étoient m[...]
Sur celles de l'observatoire. il avoit couté 22 mille francs et pouvoit [...]
audit qu'en tout à monté à 60 quelques mille francs. que[...]
militaires entendroient agir militairement. Sur les epaules de ces mm[...]
qui précédemment se sont établis et feront bien de ne reparoître de
longtemps. la canaille s'est jettée Sur les debris du pauvre ballon [...]
en moins de vingt minutes il a eté après malgré les bourades de qu[...]
Suisses. tous les poissons munis d'une piece de toile courent les rues [...]
criant, vlà le ballon. ils sont insolens, vlà le ballon &c. ————

Lundi matin, 12 juillet   18e journée

je ne te parlai hier que de ce que j'avois vu ; voici ce que j'ai appris depuis.
la même foule qui avoit forcé la garde & depecé le ballon, mit ensuite le
feu a la galerie, aux palisades, aux chaises. l'incendie alloit gagner, si on
n'y eut aporté les plus promptes secours, et doublé la garde.
trois causes, dit-on, se sont oposées à l'ascension du ballon, la pesanteur
de la machine, la porosité de la toile, & la grande dilatation de l'air.
je vis hier soir au Caveau, mr. le marquis d'Alande ressemblant à un
cyclope nouvellement sorti des antres de Lemnos. il peroroit au milieu
d'un cercle de 10 à 12 personnes qui l'écoutoient comme le grand cousin.
le cou tendu, la gueule beante &c.... il se justifioit au depens des autres,
au depens du tems, au depens de tout... le mot ... vous devez être fatigué.
lui dit quelqu'un ; oui, repondit il, & autant plus que voila 72 heures que je
suis debout a travailler comme un negre. un autre lui dit, c'est un
bonheur que le ballon ne soit pas parti, car on assure que le calotte
se seroit desolée en l'air, et auroit infailliblement fait casser le cou
aux quatre voyageurs, ce qui est un plus grand inconvenient sans doute,
qu'une vaine curiosité non satisfaite— mr. repondit le noir phisicien,
on assure bien des choses dont je serois volontiers garant du contraire.
on charbonne deja l'abbé d'angoleurs. il n'est pas au tout.....

je ne sais s'il n'en sera point. de notre voyage de Chantilli comme
de celui d'Angleterre. le cher curé de or... qui s'est chargé des preparatifs, n'est pas plus expeditif dans l'execution, qu'heureux dans le chois
de ses moyens. c'est toujours au moment du depart que les incidens
viennent rompre le cou aux chevaux. et faire enrager ton impatient ami.
j'ai au moins la consolation de voir l'abbé prendre son parti très gaiement,
et finir par être dupe des raisons qu'il a commencées par trouver mauvaises.

Soir

Les Italiens nous ont donné aujourd'hui les Sabots ingenieuse baga[telle]
et le dormeur éveillé, ou j'aurois assurément dormi moi même si mes
jambes fatiguées ne m'avoient tenu dans une position gênante. cette
pièce est tirée des mille & une nuits. tu te rapelles sans doute
que le Calife Aaron Haaroulchild avoit la manie de courir les
nuits avec son grand imbecille de visir nommé Giaffar, si je ne me
trompe. dans une de ces courses nocturnes, il entra deguisé chez u[n]
honnête marchand qui ne desiroit qu'une chose, savoir, d'être calife un[e]
jour pour punir un coquin d'iman qui le faisoit enrager. Aaron
eut la fantaisie de realiser ce vœu chimerique: Et pour ce, il ennyi[e]
son hôte et le fit transporter dans son palais au milieu de ses
femmes, de ses Eunuques... quand le bon Assan se reveill[e]
il est tout surpris de se voir environné de 15 a 20 jolies filles
qui paroissent attendre ses ordres. il se frotte les yeux, regarde de tou[s]
& frappe la tête, ne sait s'il veille, s'il dort, s'interroge, se repond,
& finit par convenir qu'il rêve assurément, ou qu'il est fou. Cepend[ant]
on l'avertit qu'il est attendu au conseil, et tout en rêvant il y va, et comm[ence]
l'exercice du pouvoir souverain par envoyer dix milles pieces d'or à s[a]
mere, & cent coups d'étrivieres à l'iman qu'il detestoit. du Cons[eil]
à table, c'est l'usage. il s'y ennyvre une seconde fois on le reporte c[hez]
lui. Sa chere mere et son esclare rose d'amour étonnées de le re[voir]
lui font mille caresses qu'il recoit avec toute la dignité du Calife de tou[s]
Car le bon de l'affaire, est qu'environné de la grandeur du Calife, a[u]
tout son bon sens, il se croyoit fou de bonne foi: & depuis qu'il en es[t]
depouillé il est réellement devenu fou et se croit très sage & très l[ucide]
cependant les plus tendres caresses de cette jolie rose d'amour le font r[evenir]
à lui, et il se determine à abdiquer pour elle un empire qu'il n'a
plus. le vrai Calife reparoit sous un trône magnifique, et donne d[e]
justes eloges à cet effort de generosité.........

Ce canevas bien rempli devoit fournir une excellente piece. les incommo-
dités de la grandeur, Arlequin au Serail. le chariot volant, étoient des
modeles pour l'auteur qui n'a fait qu'un suite ennuyeuse de scènes bien
longues & bien froides! une ariète m'a pourtant fait beaucoup de
plaisir; ayéns ma rose, me rendre mon delire ou ma raison &c...
la musique et les paroles [de cette ariette] sont de la plus grande beauté, et ont produit
chez moi le plus grand effet, peut être parceque j'y ai trouvé quelques
rapports avec mon etat. tandis que Boissonville prouvoit son agréable
doig sur les plus touchans accords, je l'adressois interieurement ces traits
brûlans que l'amour seul peut inspirer, et que l'auteur, qui aime sans
sans doute, a fort bien rendus dans l'ariette dont je te parle. du reste
si tu veux savoir d'autres detail de la piece, je te repondrai, on y mange,
on y bâaille, ou y dort.

-Mardi 13 juillet   19e journée

on doit lancer aujourdhui un nouveau ballon à St Cloud.
de peur de n'y rien voir je n'y suis point allé; la séance du Luxembourg
m'a rendu prudent. l'abbé plus intrepide est parti ce matin dès 5 heures.
nous verrons le résultat de sa course. notre voyage de Chantilli
est remis, dit on; pour moi je crois qu'il est fait......

Ce que j'avois prevu est arrivé, le ballon de St. cloud est parti
comme celui du Luxembourg. je me felicite de n'avoir point été reveillé
ce matin par la curiosité, car je serois bien honteux et bien
fatigué ce soir. l'abbé paye de contenance... il assure qu'il n'a pourtant
pas perdu ces frais, et qu'une bouteille de vin de bonne eaux la
dedomage; ou en a t'il trouvé du vin de bonnes eaux? il est bon,
avec ses dedomagemens!

412

~~[rayé]~~

J'ai vu le mariage de figaro pour la 2e fois et je m'en tiens
à mon 1er jugement. j'étois à côté de deux femmes bien aimables
et ce qui est bien rare, point dutout coquettes. un mot que j'ai dit
au hazard, m'a attiré toute leur attention, et nous avons lié une
conversation fort intéressante sur l'éducation, et l'avantage de la bonne
compagnie. j'avois en verité plus de vrai plaisir à causer avec elles
qu'à entendre les plaintes du Comte Almaviva, ou les déclamations
du Sieur figaro.

Mercredi 14 juillet.   20e journée

Le tems s'écoule, ma chere Lyli. & bientôt je n'aurai plus que la
reminiscence des plaisirs de paris. cette reminiscence aura tout
d'un rêve quand je serai rendu chez moi. Sans doute je suis prêt
à partir, quand je songe à ma bonne amie; dans ces momens
d'ivresse, paris ne m'est plus rien. je ny vois que du mouvement
sans but, je ny entends que du bruit sans accords, je ny sens
que du vuide sans esperance. mais d'un autre côté que paris
est charmant! une liberté indefinie, des femmes charmantes, des
spectacles enchanteurs; la varieté des objets, le choc des pensées, tous
les rangs confondus, le tableau du monde reuni dans un seul point
le triomphe du luxe, des lumieres et des talens; le rendez vous general
de tous les habitans du monde, quelles ressources pour un amateur
quelle pâture pour un observateur! il faudra donc renoncer à
tout cela pour retourner au fond d'une province, vegeter tristement
dans un état obscur, qui n'étoit pas fait peut être ....
qu'allois-je dire? .... mais au moins je suis sûr de retrouver ma
Lyli. & avec elle, ~~toutes~~ si je ne puis oublier, au moins je me console
de la perte de paris & de son brillant entourage.

à quoi t'occupes tu maintenant. tu penses en moi, et tu m'acuses
peut être de frivolité, d'inconstance et de tous les défauts qu'on prend si
facilement à Paris. je n'en murmurerai point. tu souffre, et la douleur
rend quelques fois injuste. de deux amis qui se séparent, je sais que
c'est celui qui reste qui est le plus à plaindre. son impatiente
sensibilité le porte sur plusieurs objets à la fois, l'incertitude du
lieu, les risques du voyage, l'éloignement du retour l'occupent tour à tour
sans le fixer, et à peine peut il avoir sur chacun de ces objets la
douce espérance qui console les malheureux. c'est là ta position, ô ma
charmante amie! je te plains, je te payrai avec usure ces inquiétudes,
ces soucis, ces tendres soins de l'amour, et que l'amour seul peut payer.
te retrouverai-je aussi heureuse que fidèle? auras tu essuyé des assauts?
oui peut être; mais je connois ton inébranlable cœur. il résistera
à toutes les impressions que la méchanceté, l'hipocrisie, le commerage,
la jalousie, la pruderie tous les monstres sortis de l'enfer chercheront
à lui donner contre moi.

jeudi 15 juillet   21e journée
j'assistai hier aux druides tragédie de mr le blanc vantée, peu
suivie, froide & gigantesque. l'auteur y a répandu beaucoup de belles
maximes contre l'éternel fanatisme, et la superstition de nos pères.
il se bat les flancs & s'échauffe ridiculement pour l'abolition des
exécrables sacrifices humains, précaution assez inutile dans un siècle
éclairé, et chez une nation douce qui n'a pas à craindre qu'on fasse
jamais usage chez elle de pareilles horreurs. quand on fait tant que
de saisir la baguette magistrale et quand on veut s'ériger en docteur
des nations, il faut au moins s'animer sur des objets utiles & présenter
aux hommes quelques vérités, dont ils puissent tirer parti pour leur
bonheur ou leur tranquillité. mais pour rebattre d'anciens réchaufés

s'apesantir gravement Sur des [illegible] dangereuses prerogatives dont p[...]
n'est tenté de de Saisir, mettre en maximes pompeuses des verités tri[...]
les contre les prêtres et leur orgueil, les peuples & leur Stupidité, les
rois et leurs devoirs, ce n'etoit pas la peine de faire une tragædie.
car tout le monde Sait cela, & personne n'y prend plus d'intere[...]
il n'y a plus de viols ni de Sacrileges, [diton] parce qu'on ne respecte plu[...]
ni les femmes, ni les autels: mais au moins devroit on respecter le g[...]
du public et ne pas lui donner avec un impudent appareil
des tragædies aussi froides et aussi Communes.

1 heure après midi

j'arrive de St Cloud ou j'ai eté entrainé par la certitude d'y voir
un Superbe ballon. oh! pour le coup notre esperance n'a point eté tra[...]
nous avons vu cette belle machine montée par mr. le Duc de chart[...]
les deux freres robert. et un quatrieme beaufrere de ceuxci, S'elever
majestueusement dans les airs et se perdre dans les nües — tu ne peux [...]
faire aucune idée du Spectacle que cette machine presentoit à l'œil
enchanté. il faut y joindre la perspective de trente mille femmes
rangées en Amphitéatre emües et-attendries par l'intereêt qu'ins[...]
les habiles & courageux aërostats. je dirai que ne peut plus Satis[...]
de ma course, & qu'ai qu'un peu fatigué, je la recomencerois de gra[...]
cœur au même prix. le ballon n'a pas fait beaucoup de chem[...]
le fluide dont il etoit rempli se dilatoit d'une maniere effrayante, qua[...]
mr. le Duc de chartres peu aguerri contre les elemens, à lui même per[...]
le ventre de la machine, pour descendre au plus vîte. ils ont effec[...]
ment descendu, mais avec une rapidité peu propre à les rassurer cont[...]
le danger qu'ils redoutoient. ils tomboient dans l'etang de la Gara[...]
derriere [illegible], S'ils n'avoient eu la precaution de jetter une corde
à un paysan qui les a tiré, et fait touler près du regard. cette
chûte des nouveaux phaëtons n'a point diminué le merite de l[...]

entreprise, ni le plaisir des spectateurs. quand au premier il est
impossible de prévoir tous les evenemens, surtout la frayeur d'un prince;
quant au second personne n'a été témoin de la catastrophe, et très
peu de gens le savent au moment que j'ecris..... — on disait
tout bas à St Cloud que mr. le duc de chartres s'eleveroit une fois
dans sa vie, et se mettroit enfin au dessus de ses affaires.
soir.
j'ai manqué le spectacle aujourd'hui, parce que je ne suis point content
de ceux que l'affiche annonçoit. la promenade & les libraires ont
occupé mon loisir... je suis seul en robe de chambre, occupé de toi
seule que je préfère en ce moment à tous les amusemens de paris.
le bonheur n'est point dans le fracas, ni dans l'opinion. ami de la
paix, on le trouve dans la solitude, et surtout dans le fonds de son
cœur, dans les doux epanchemens de l'amitié, dans les tendres communications
de l'amour. je te trouve à coté de toi. tout le reste n'est que mensonge,
illusion, plaisirs factices. ô ma Lyli, tendre amie de mon cœur, je
sens plus que jamais tout le prix du tems. quand serons nous reunis?
c'est ici surtout que nous pourrions l'être sans danger. fol espoir,
trompeuse illusion! cessez de me poursuivre — — — — — — — — — —
on fait courir un pamphlet contre mr. le duc de chartres. il n'a reussi
ni sur la terre, ni sur la mer, ni dans les airs, il n'est plus bon qu'au feu
cette sanglante epigramme prouve combien ce prince est détesté. on dit
qu'il fait tout pour le meriter.

    Vendredi 16 juillet.   22e journée

Qu'avons nous besoin des avantages de la fortune & de l'ambition, quand
nous avons le bonheur d'aimer & d'être aimés? de tous les plaisirs le plus vrai
& le plus durable et le plus digne d'un homme. à paris, je crois
qu'il faut y renoncer. il regne ici une certaine indifference generale
qui multiplie les goûts passagers, qui tient lieu de liaison, qui

fait que personne n'est de trop dans la société, que personne n'y est
nécessaire. tout le monde se convient, personne ne se manque.
l'extrême dissipation où l'on vit, fait qu'on ne prend pas assez d'intérêt
les uns aux autres, pour être difficile ou constant dans les liaisons.
on se recherche peu; on se rencontre avec plaisir, on s'accueille avec
plus de vivacité que de chaleur; on se perd sans regret, ou même sans
y faire attention. le plaisir rassemble. si vous parlez bien on vous
écoute avec intérêt, on se presse autour de vous, et beaucoup de gens
sont flattés d'un pareil triomphe; mais votre rôle fini, on ne vous connait
plus. les nouvellistes sont sûrs d'être bien accueillis partout. le
parisien oisif & frivole a besoin de nouvelles pour tromper sa
nullité politique: vraies ou fausses, on les reçoit avec avidité, on les
repand avec empressement, & ce qui est incroyable, l'engouement dure
encore, quand tout le monde est détrompé. je n'aime point les nouvelles,
j'en fais encore moins, aussi dans la plupart des cercles je suis froid
& taciturne. mais que me serviroit de gagner des suffrages, puisque
je suis heureux du tien, et que celui des autres ne m'importe, qu'autant
qu'il seroit fondé sur les qualités solides du cœur, et non sur —
l'étalage brillant de l'esprit?

Soir — nous avons vu ce matin, Mr l'abbé de l'Épée rue des Moulins butte
St roch; cet homme si cher à l'humanité & si digne de l'être par
son institution des sourds & muets, par son zèle infatigable, par son
génie bienfaisant, par des talens supérieurs. nous avons assisté à ses
leçons; il a eu la bonté de répondre aux questions et aux difficultés
que je lui ai proposées, il nous a developé sa methode, exposé ses
principes avec une clarté et une precision étonnante, et en même tems
avec autant de politesse et d'attentions que si j'eusse été tempereur ou le
comte d'Haga. je suis sorti penetré à la fois du genie et de la
complaisance de cet homme respectable. il n'y a point de charlatanerie

dans

dans ses leçons, point de morgue dans ses procédés, la noble
fierté qui convient au grand homme, et la modestie qui convient
au talent. simple comme la nature, comme elle il distribue ses
bienfaits gratuitement et indistinctement, et il se trouve assez payé
par le précieux avantage de faire du bien a cette malheureuse portion
de la société, qui avant lui, en paroissoit abandonnée. j'ai vu chez
lui le jeune comte de Solar, relché par une incroyable avanture a qui
le chatelet vient de rendre son état contre toute les vraisemblances. dans cet
affaire mr l'abbé de l'épée a été trompé par son zèle, mais il est bien honorable
de n'estre trompé que par excès d'humanité. ce jeune homme agé de
vi ou vii ans assez bien de figure., a repondu par écrit aux questions que
je lui ai faites, sur sa soeur, sa mere, Cazeaux &c......

Les italiens nous ont donné aujourdhui les deux jumeaux de Bergame
piece fort agreable de mr le chr de florian dans la quelle se trouve
cette charmante ariette. que tu chantois autrefois avec tant de plaisir,
daigne ecouter &c... Les deux jumeaux ont été precedés par le duc de
beneveut, piece. qui ne ressemble a rien. un duc de beneveut chassé
tout d'un coup et sans raison un ministre sorcieur et la fille de ce ministre
qu'il aime avec transport, sur les conseils d'un intriguant qui deteste
le ministre et la maitresse. on ne nous dit, et c'est qu'il sache bien lui
même. le duc a son tour est chassé par un certain Abdalla
envoyé par Alla du fond de la turquie. le prince detroné va se
cacher dans un village, dont le magister et le bailli sont deux pedans
qui denoncent le malheureux exilé. et tandis que l'abdalla s'enyvre
des vins de champagne, de bourgogne et de maroquin, ils lui conseillent
fortement de rentrer par une porte de derriere dans sa
ménagerie; et de lui arracher surtout le certain croissant que de concert avec les
femmes du pays les turcs avoient eu l'audace d'y arborer. c'est une
partie de barres. le projet est executé, et le duc qui n'avoit pas

un soldat il y a un quart d'heure; reste[nt] triomphant sur la scène, ou
il ne parle de rien moins que de faire empaler non le galant et terrible
Abdalla, mais ce vil coquin de Coueze qui l'a trompé; au intia de
pour Coueze et heureusement personne n'est empalé.

tissu d'invraisemblances, de platitudes et d'absurdités. les acteurs vont, viennent
paroissent et disparoissent sans motif; font des déclarations d'amour bien
fades, des réflexions politiques bien communes, des plaisantes contre le sort
bien ridicules. on veut instruire un prince par le malheur. c'est une bonne
leçon sans doute, mais encore faut il la donner. et de toute la pièce ce qu'on
retient le mieux, c'est la ferme résolution de n'y plus retourner.
c'est, m'a-t-on dit, le coup d'essai d'un jeune homme. il n'est pas heureux,
on a fait justice et la pièce est tombée:

Samedi 17 juillet   23e journée

matin.

je n'ai point dormi cette nuit, en récompense j'ai beaucoup pensé
en toi. ton image adorée a reçu mes vœux et mes hommages. je
la verrai donc bientôt cette chère Lyli qui m'aime et fait son bonheur
de m'aimer, je la verrai; ah comme notre première entrevue sera tendre!
comme ton cœur battra! et le mien sera-t-il tranquille? m'amie à me repré-
senter cette scène touchante, quand je te vis (de l'année dernière) après une si longue absence.
je vois tes yeux humides d'amour et de plaisir fixés langoureusement
sur les miens; je vois ton front serein rayonnant de joie, exprimant
la candeur de ton âme; je vois ta bouche vermeille sourire pour exprimer
le plaisir, et se fermer bien vite de crainte d'une indiscrétion; je vois
ton sein palpiter fortement trahissant ton émotion, malgré les réseaux
perfides d'un mouchoir.... je vois encore bien d'autres choses que l'hymen
seul a droit d'expliquer, je serois et plus indiscret et plus coupable
que le seigneur Candaule qui eut la bêtise, comme chacun sait, de faire
voir à son favori Gygès les charmes de sa femme toute nue.
je n'arracherai point le voile dont la pudeur se plaît à te couvrir-

je ne trahirai point ta confiance. . . . . . . bercé de ces idées, je me suis
enfin endormi sur les 4 heures. j'ai bientôt été réveillé par un songe. . .
je t'ai vüe pâle & mourante remettre à mr. fe. . . le dépôt de mes
lettres, et j'étai entendue bien distinctement prononcer ces paroles.
» dites lui que je t'aimois ; que personne ne t'aimera jamais comme moi.
» dites lui que ces lettres ont fait le bonheur de ma vie, c'est un dépôt
» que je lui rends. il ne m'aime plus, hélas! j'en suis trop sure, je souhaite
» qu'il vive heureux, ne lui dites jamais que je meurs pour lui. « . . . . .
ô mon amie, me suis-je ecrié, comment as tu pu croire que je ne
t'aimois plus? quel horrible ennemi . . . . . Et l'effort que j'ai fait pour
te découvrir, m'a reveillé et delivré d'un grand fardeau. . . ah! ce n'est
qu'un songe, ai-je dit en respirant. un songe est un mensonge. ma chere
bonne amie git & se porte bien. Sure d'être aimée, qui pourroit
altérer la tranquillité dont elle jouit? l'eloignement de tout ce qu'elle aime?
ah! n'en doute point, tendre lysli, cet eloignement n'a fait que fortifier
mon amour en le mettant à l'epreuve.

Cinna au françois, pièce sublime de P. Corneille, et qui a été superieu-
rement jouée par Brisard, S. prix, et melle Sainval. Melle Sainval
a mis dans son rôle une intelligence & une sensibilité exquises. tous ses
accens dans la douleur sont pris dans la nature, vont à l'âme et la
penetrent profondément; ses inflexions dans la rage, ses tons heroiques
ses gestes, tous ses mouvemens ont été marqués au coin du genie.
et Brisard si beau, si aimé, comme il a rendu le rôle d'auguste!
quelle majesti! quelle etonnante illusion il m'a fait! ô assurement
quand le grand Condé pleuroit à cette même pièce de corneille au moment
qu'Auguste prononçoit ces belles paroles
        Soyons amis, Cinna, c'est moi qui t'en convie &c. . . . .
assurement l'acteur qui representoit auguste ne valoit pas Brisard; pas plus
que l'actrice qui representoit Emilie ne valoit melle Sainval.

il arriva hier à l'opera, pendant la représentation d'Iphigénie. un de
ces faits incroyables qu'on ne voit qu'à paris. la reine ne voyant point
danser Vestris que le roi de Suède étoit curieux de voir, l'envoya chercher,
et lui dit : » Mr. je vous prie de danser, vous le feriez pour moi, vous
le ferez pour Mr. le comte d'haga « Vestris par un caprice inouï
s'excuse sur un mal de pied, et refuse la reine qui pouvoit commander.
» dans tout autre pays, dit la reine avec un peu d'émotion, on puniroit
l'audacieux histrion, dans celui-ci on pardonne « malgré ce pardon
généreux l'insolent Vestris sera puni. ses confrères, qui une heure
auparavant, l'avoient vu sauter dans les corridors, ont prié les gentils hommes
de la chambre de venger la reine & le public. ce Vestris est le
sujet le plus étonnant pour la danse, il efface tout ce qu'on a jamais vu.
il arrive ~~~~~~~~ d'Angleterre d'où il raporte 60 mille francs.

Nous allons demain à Versailles. un ami complaisant et
aumonier du roi nous y attend pour nous faire voir les curiosités
de ce royal chateau.

Soir Dimanche 18 juillet, 24ᵉ journée

Nous arrivons de Versailles que nous avons vu dans le plus
grand détail depuis huit heures du matin que nous sommes arrivés,
jusqu'à 6 heures du soir que nous en sommes partis. un
huissier de la chambre nous a fait entrer pendant vêpres dans les
petits apartemens, où nous n'avons pas eu le tems d'admirer les richesses,
et les beautés en tout genre qui y sont renfermées, par exemple
deux chandeliers dont la façon seule coûte 40 mille francs, des pendules
des necessaires, des tableaux des commodes — il n'est impossible
de rapeller tout ce que j'ai vu; ce que j'ai mieux vu que tout le reste
c'est la famille royale. le roi a le regard haut et bête à la fois
la tête trop versatile, marchant mal, sans contenance, et sans dignité

pendant toute la messe, il a eu la tête plongée dans ses deux mains
d'où il la retiroit quelques fois pour lorgner la galerie. à table
mangeant & ricannant de mauvaise grâce. c'est la celui qui commande à.
— Monsieur est si gros qu'il ne peut tantôt plus marcher, reellement
il a l'air de rouler. sa figure est commune et ''un proprice, son caractère
avare & crapuleux paroit écrit sur son front.

Mr. le Comté d'artois fin, délié à la tête haute, la figure longue,
noire et des yeux spirituels. il paroit supérieur à ses deux ainés,
et il a même l'air de sentir sa supériorité.

La reine toujours jolie, et gratieuse n'a point mangé pendant le diner
public. elle se reserve pour les petits apartemens, ou libre de l'étiquette
elle se livre sans reserve à toute sa gaité. Elle ne m'a point paru grosse.

Madame est grosse & potelée, blanche comme du lait et paroit peu
spirituelle. bonne pour son mari qu'elle aime comme une bourgeoise.

Madame la Comtesse d'Artois petite & fluette paroit encore affoiblie
par sa longue maladie.

Il m'est arrivé un commencement d'avanture pendant le diner du roi.
une femme etouffée par la chaleur excessive de l'apartement, se trouve
mal à mes côtés. j'avois un flacon, je lui fis respirer quelques gouttes
d'essena qui l'ont fait revenir assez promptement. reconnoissante &
sensible, elle m'a prié de lui rendre un 2e service en lui donnant la
main pour sortir de l'appartement. je l'ai conduite dans une
salle plus aërée, et m'ayant fait asseoir à coté d'elle, elle m'a
exprimé sa reconnoissance d'une maniere si vive que j'en etois confus.
elle paroissoit inquiete. — vous paroisez chercher quelqu'un madame,
— Mr. c'est mon pere que je cherche et qui peut sortir sans moi.
je suis desesperée d'un accident qui vous prive de voir le roi. — Made
on peut voir le roi tous les jours, mais on n'a pas tous les jours le
bonheur d'être utile à une femme charmante. — Mr. ce n'est qu'à

paris qu'on trouve autant de generosité reunie à autant de politesse.
— pardonnez moi, madame, dans tous les pays du monde une jeune personne
de votre figure est un être interessant pour tout ce qui t'approche, et
quand cette jeune personne souffre, il n'y a cœur si farouche qui
ne s'estime heureux de la soulager. — mon pere ne vient point.
— comment s'apelle-t-on votre pere? — De Cornuillé, mon pere et mon
mari sont conseillers au parlement de bretagne. nous sommes
à paris depuis 13 jours, nous allons bientôt retourner à Rennes.
Si vos affaires vous conduisoient jamais dans ce pays là, je
m'estimerois infiniment heureux, m[onsieu]r de reconnoître une attention......
— madame En verité vous mettez trop d'importance à un leger service.
je voudrois être à lieu...... — je ne pus achever, le pere parut
et m'enleva assez brusquement la jeune bretonne, qui me fit pourtant
une profonde & gracieuse reverence. je ne la reverrai peutêtre jamais
il semble que je sois né pour commencer des avantures; d'autres plus
heureux les mettent à fin. c'est le sic vos non vobis &c........

nous avons vu les jardins, examiné les Statües et n'avons pu approcher
du rocher qui renferme les bains d'apollon. les eaux jouoient. quelle
orangerie! quels escaliers! quelles richesses detoutes parts!

nous sommes partis de Versailles à 6 heures. arrivés ici à 9
je croyois avoir le tems d'aller chez Ruggieri voir des brillans jeux
d'artifice. mais il étoit trop tard: on avoit commencé. de notre voiture
nous en avons vu un Sur l'eau vis à vis Vaugirard, ce qui produisoit
un bel effet.
une chose qui m'a frapé à versailles, et qui doit fraper tout etranger, c'est
l'égalité de toutes les conditions. Si près du Soleil, toutes les planetes
sublunaires sont confondues, le duc, l'évèque, le simple
bourgeois ont le droit de se presser, de se coudoyer, & de se rendre

les mepris qu'ils reçoivent a leur tour. le roi ecrase tout le reste. a son nom, tout s'arrange et attend respectueusement le passage, ou le coup d'œil. ce sont des esclaves libres que nos plus grands seigneurs de la cour. c'est ce qui faisoit dire a mr Duclos » je ne vais jamais a versailles, parceque je n'y verrois que des valets à l'office qui parlent incessamment de leur maitre. «

Lundi 19 juillet   25e journée

Les actrices de l'opera sont bien dangereuses. j'en fis hier une epreuve que je puis pourtant avouer sans rougir. j'allai chez elle bourgeois conduit par un ami. j'en fus enchanté. ces femmes ont une tournure qui leur est propre. mêlange de folie et de sagesse, conversation serieuse qu'elles savent bientot ramener au libertinage, leur veritable element, demarche voluptueuse, agaceries couvertes, desordre interessant, une jambe nüe et la gorge evoilée tout en elles provoque, excitent les desirs. elles ne demandent pas mieux que de les satisfaire. mais Syrènes perfides, c'est en vain que vous chantez divinement, je ne boucherai pas les oreilles, comme je ne sais quel Ulisse, car j'aime vos chants, je me contenterai de fermer ma bourse, et j'eviterai le piege. ces pieges se multiplient. je me suis trouvé aux italiens placé aux premieres, a coté de la fameuse —Theresein, qui me sachant seul s'engagea bientot de conversation avec moi. il faut observer que les secondes loges etant de 6# il n'y a que les femmes riches qui puissent habituellement soutenir cette depense. et en general on prejuge en faveur de celles qui s'y trouvent. je causai donc avec ma belle voisine et je lui trouvai l'esprit et les connoissance que tout le monde lui accorde. c'étoit plus qu'il n'en falloit, pour tourner la tete a un amateur. l'esprit et la beauté, voila ce qu'il faut pour obtenir toujours du monde! les deux pieces etoient excellentes et sont connües, julie, et les evenemens imprevus. elles m'ont fait le plus grand plaisir. tous les jeus acteurs jouerent a ravir.

Après le Spectacle, j'offris ma main qui fut acceptée. nous perçames
la foule qui S'ouvrit pour admirer ma belle; et envier mon Sort. nous
montons dans Sa voiture, et je jouai la passion à m'y tromper moi même.
arrivé chez elle, j'allois tirer ma reverence — quoi vous vous en allez,
—desesperé de ne pouvoir rester.— mais mr on ne fait point de ces tours la,
— madame je Suis arreté a Soir; ne me croyez pas Capable — que Signifioient donc ces belles declarations que vous m'avez faites dans mon Carosse?
— Elles Signifioient que vous êtes jolie, très jolie,— au moins mr ne restons
pas ici, rentrons.— impossible madame, et si me Sauvai à Son grand étonnement
dirais-je à Son grand regret, non je lui ferois injure. Encore une avanture
Commencée... mais celle-là je t'ai abandonnée avec connoissance de Cause.
toute la Soirée fut plurieuse et le palais royal desert.
mardi 20 juillet. 26e journée

matin. je me leve pour t'écrire, ma bonne amie. c'est une tâche que j'aime à
remplir. Dans trois jours nous Sortons de ce pays. trois jours Sont bientôt
écoulés. ô comme le tems passe!, je te reverrai bientôt. bientôt en te remettant
ce journal, je te dirai, tiens ma Lyli, prends cet ecrit, c'est le depôt de
mes plus secrettes pensées. tu y verras un rêve brillant dont la courte
illusion à peine a laissé quelques traces fugitives dans mon cerveau.
tu y liras l'histoire de mes sentimens encore plus que celle de mes actions.
et cette histoire t'interessera bien davantage qu'une sterile nomenclature de
noms, ou une Serie ennuyeuse de faits de même nature.
mes observations Seroient ennuyeuses pour tout autre que pour toi, parceque
j'ai parlé Souvent de nos tendres sentimens, et que j'ai presque toujours raporté
nos jugemens à cette regle invariable pour moi. je t'ai Souvent entendu dire
que tu aimois ma manière de voir. et c'est pour justifier ton estime et ta
confiance que j'ai toujours cherché à connoitre les hommes. cette connoissance ne peut s'acquerir Sur quelques faits isolés. un homme dur

s'attendrit quelques fois, et une bête peut dire un bon mot c'est
donc en multipliant les recherches & les observations, en suivant la Conduite
& les procedes, qu'on peut juger ce qui est plus difficile qu'on ne pense.

j'ai quelques fois passé pour méchant, parceque j'ai osé démasquer certains
personnages. j'ai su l'homme dissimulé à travers la franchise dont il se pavoit.
l'homme tracassier m'a toujours déplu, je ne l'ai pas caché. l'homme injuste
m'a quelquefois trouvé dans son chemin et ne me l'a jamais pardonné.
j'ai souvent humilié l'homme vain, et combattu l'homme méchant et la
foiblesse ce caractere si commun, si dominant, si méprisable combien de fois
n'ai-je pas eu lieu d'en relever le défaut, et d'en faire rougir ceux qui osoient
se servir d'un tel prétexte pour excuser des fautes. le Caractere foible
suppose tous les vices puisqu'il les sert tous. l'homme foible n'ose être que méchant,
il court trop de risques à être bon; s'il n'invente pas les méchancetés, il en est
complice. il n'est pas méchant par penchant, mais par ascendant; il ne l'est
pas pour son plaisir, mais pour celui des autres, pour sa tranquillité, sa
sûreté. peut être souffre-t-il au fond du cœur de ce complot, de cette
intrigue; de cette persécution, de cette tyrannie, mais que peut il contre le
torrent? S'exposera-t-il sans fruit à perdre ses amis, sa place? les
gens foibles sont une peste publique; sans eux *les méchans* feroient peu de dommage:
ils grossissent leur parti; ils sont leurs agens; ce sont eux qui condamnent
l'innocent & qui sauvent le coupable. dans ces révolutions qui nous offrent
le tableau des scènes les plus tragiques & les plus effrayantes, les coquins
se comptent; les foibles ne peuvent se nombrer.

Soir — j'appuye sur ce Caractere; par ceque c'est le plus dangereux & le plus
commun. que de gens qui se croient bons et qui ne sont que foibles!
cette famille entiere de la Boussiniere qui tend les bras à tout le monde,
et qui n'est aimée de personne. Mr de Vallblanche, s'ennuyé, & ennuyeux,
& qui porte partout les tristes caracteres de son degoût et de sa foiblesse.
un Evêque du Mans toujours versatil entre les mains du premier intrigant

qui saura flatter sa vanité et tromper sa confiance, prenant le ton
des circonstances, n'ayant jamais eu aucune idée qui ne lui ait été soufflée,
aucun projet qui ne lui ait été inspiré, croyant facilement le mal &c....
ce magistrat tour à tour gouverné par sa maîtresse, son valet et la
vengeance: ce riche financier qui donne à tout le monde, excepté à ceux
qui en ont besoin, qui parle à ses subalternes avec tant de douceur, et les
renvoye avec tant de dureté. Diras tu que tous ces gens là sont bons,
parce qu'ils sont foibles? non; cela seroit absurde: si même la bonté
est un grand vice: ce seroit un bien grand malheur de vivre dans un pays
ou la bonté et la foiblesse seroient réellement confondues.

La bonté est une vertu qui porte à obliger et qui trouve dans le bien
qu'elle fait une satisfaction qui est à la fois & le premier mérite et
la première récompense de l'action. c'est avoir une fausse idée de la bonté
que d'imaginer qu'une bête puisse s'élever a elle. que de suites
que de la station dans un homme bon! quelle sureté dans son commerce!
quelle délicatesse dans son amitié! quel zèle dans sa reconnoissance! quelle
modération dans son ressentiment, quelle noblesse dans ses procédés!
on fait un étrange abus d'un si beau titre, à l'accordant à des gens qui
ne connoissent, ne respectent, ne remplissent que ces petits devoirs d'étiquette
et d'usage, bons tout au plus à entretenir l'extérieur de l'union dans la
société. Être bon c'est placer son intérêt dans ce qui s'accorde avec l'intérêt
des autres, c'est jouir des bienfaits et des plaisirs que l'on répand sur eux.
celui que son naturel, son éducation & ses réflexions ont rendu susceptible
de ces dispositions, & que les circonstances mettent a portée de se satisfaire
devient un objet intéressant pour tous ceux qui l'approchent. sa femme
ses enfans, ses amis, ses serviteurs lui montrent un front ouvert & serein,
lui représentent le contentement & la paix, dans lesquels il reconnoît son
ouvrage. tels ne sont pas tous ceux qu'on dit être bons.

Mais tel étoit le seigneur bienfaisant que j'ai vu jouer aujourd'hui
à l'opéra. les paroles sont de mr vachon de chabannes, et la musique
de mr floquet. charmante piece ! la musique est à la fois savante
et agréable, les décorations comme dans la féerie, les situations les
plus intéressantes, un coup de théatre superbe ; des ballets bien dessinés
mlle maillard commandant avec la plus grande precision les eleves des
gardes françoises, Gardel, Nivelon, mlles Guimard et herel dansant
comme des substances aériennes. je crois qu'on ne peut plus content d'avoir
vu ce bel opéra.

je ne sais si tu auras autant de plaisir à lire ce recit que j'en ai
eu à l'écrire. je crains un peu que ces Analyses de spectacles ne
t'ennuyent. mais je te prie d'observer ce que je t'ai deja dit, que le spectacle
est mon plus grand plaisir. il est encore doux d'en conserver le souvenir, quand
je n'y suis plus. Et tu sais qu'on est bavard sur ce qu'on aime. voilà
pourquoi je parle si souvent de toi. d'ailleurs libre à toi de sauter
tout ce qui t'ennuyra. Et j'aurois du placer cette remarque au commencement
de mon journal, si je ne savois qu'on s'assortit pas plus les gens qui
s'ennuyent, que les gens qui se brûlent.

Le roi de Suède est parti hier. c'est la nouvelle du jour.

Mercredi 21 juillet.   2ᵉ journée.

Encore deux jours & paris n'existera plus pour moi. nous
partirons vendredi, par orleans blois, vendôme &c.... c'est le plus long
et le plus agréable. si je peux porter avec moi mes chers crayons,
je pourrai en faire usage sur cette route inconnue pour moi. je dessinerai
ces beaux paysages de la loire qui t'ont vu naître, que tu revois toujours
avec un nouveau plaisir, et que j'aimerois beaucoup mieux que les
bords de la seine, si paris n'existoit pas.

je vais conduire aujourd'hui Mlle Bourgeois chez Son peintre:
elle veut absolument que j'assiste à une Séance. obligé de voir, et
d'amuser une jolie femme qui se fait peindre, l'ordre n'est pas dur
tu fronces le Sourcil Lyli, et tu Sembles dire avec humeur, es tu toujours
de jolies femmes, parbleu m[onsieu]r vous pourriez vous dispenser de me faire
de pareilles confidences. et non pas, chere amie; tu Sais que nous Sommes
Convenus que je dirois tout. aurois tu oublié nos Conventions, quand il
m'en coûte assurément plus qu'à toi, de m'en Souvenir?

il vient de Se passer tout récemment une Scène fort plaisante
et qui merite d'être rapportée. deux Courtisanes célèbres; Rosalie &
Ste marie, se Sont prises de propos à la redoute chinoise. les injures,
les invectives, ou les vérités dures, cequi est à peu près Synonyme, entre ces
filles, ont été prodiguées. Rosalie, dont la poitrine étoit moins forte & la
langue plus épaisse, fut obligée de ceder le champ de bataille à Son adversaire
elle Se retira étouffant de rage, et devorée de la Soif de Se venger.
le lendemain un jeune homme Se présente chez Ste marie, qui étoit
encore au lit. la femme de chambre refuse la porte, il insiste, enfin
il pénètre dans la chambre, ou la belle reposoit dans les bras de
Morphée. alors il ferme les verroux, il ouvre les rideaux avec fracas
et Se fait reconnoitre. C'étoit Rosalie elle-même qui venoit demander
raison à Son adversaire, Elle tire deux pistolets, et les présente à
Ste marie, qui à peine éveillée, Saute de Son lit en chemise, et tombe
aux pieds de Rosalie pour lui demander grace. celle-ci offre l'arme blanche
également refusée. Rosalie, après avoir traité Sa rivale de poltronne
et d'infame, tire une grosse poignée de verges qu'elle avoit cachée Sous
Sa redingotte, oblige Ste marie à Detrousser elle même jusques Sous les
aisselles la justice jusqu'au Sang, & Se retire Satisfaite Desa vengeance.
avez vous de pareilles héroïnes en province? il faut venir ici pour voir,
et croire aux merveilles.

Vestris est à l'hôtel de la force et sera privé de ses pensions pour son insolence. quoique le premier sujet de la danse, il n'est plaint de personne, fors de son père qui à menacé de se retirer en province si on ne lui rendoit son fils. C'est ce Vestris père, qu'on nommoit le dieu de la danse, qui disoit avec modestie, qu'il ne connoissoit que trois grands hommes, le roi de prusse, Voltaire et lui. le fils est encore plus vain. or tu conviendras que l'importance ridicule de ces messieurs merite d'être humiliée. ce n'est qu'a paris qu'on ose avoir cet orgueil non dissimulé. partout ailleurs, l'auteur seroit berné, sifflé et n'oseroit reparoître. mais ici les talens & les arts de goût sortent de la classe commune, et l'on ecarte toujours le personnage vicieux, pour n'envisager que le talent superieur dans un point d'optique favorable au sujet. ô paris ville charmante, séjour des beaux arts, c'est dans ton sein qu'ils doivent eclore, & se perfectionner, puisque malgré leurs vices, tu sais les apprecier; et malgré leurs fautes tu sais encore dignement recompenser les artistes!

aujourd'hui Lucile & le droit du Seigneur aux jtaliens; deux charmantes pièces et dont j'ai perdu quelque chose par le bruit que faisoient à coté de moi un spadassin très violent, et un robin encore plus patient. j'ai apellé moi même la garde pour faire taire ou sortir les deux champions, et le calme s'est retabli au paradis ou cette scène se passoit. je vais faire ma malle ce soir. cela sent bien le départ. j'en ai le cœur serré. allons du courage: ——

on dit que mr. le noir n'est plus lieutenant de police; c'est mr. de Cypierre intendant d'orleans, qui lui succede. —— mais on debite tant de fausses nouvelles, ministerielles surtout, que j'ai bonne envie de ne pas croire celle-ci. non que je sois attaché à mr. le noir plus qu'à mr. de Cypierre, mais parceque je suis fâché d'être si souvent trompé.

60

jeudi 27 juillet: 28e journée

Nos malles sont à la messagerie. je pars demain. encore s'il n'y avoit
aucun intervalle entre paris & toi. j'aurois bientôt pris mon parti. mais
il faudra traverser des pays inconnus, il faudra rentrer dans le tombeau ....
à propos de tombeau, j'ai appris aujourd'hui au jardin du roi un bien
triste & bien singulier événement.

Un homme accoutumé de se promener dans les thuileries, vit pendant trois
jours consécutifs une fille jeune & intéressante toujours assise au même endroit.
étonné d'une pareille constance, il s'approche et lui demande poliment ce qu'elle fait là?
— rien mr — depuis quand y êtes vous? — depuis trois jours. — et ou passez vous
les nuits? — ici sans prendre de nourriture ... Silence. vous avez été trois
jours sans manger? — oui mr — vous êtes donc malheureuse! — ah plus que
vous ne pensez! — votre physionomie altérée, mais honnête, m'assure que vous
ne le méritez pas. vous pleurez mille. — bientôt je ne pleurerai plus — oserois-je
vous proposer quelque chose? Silence ... vous ne répondez rien, voulez vous prendre
quelque nourriture? — oui mr. je le veux bien. alors le dit mr la conduit et chez
le suisse, et lui fit servir de la bierre et des echaudés. elle mangea avec
beaucoup d'avidité deux douzaines de ceux ci, et but deux bouteilles de bierre
sans qu'on eût l'attention de s'y opposer. pourquoi la laissoit on manger
ainsi? je n'en sais rien. — vous n'avez point de gite, voulez vous en accepter
un chez moi, jusqu'à ce que je vous aie trouvé un apartement. — je le veux
de tout mon cœur. elle soupa, et alla se coucher en priant qu'on la
reveillât à huit heures du matin. a huit heures on frappe à sa porte.
point de réponse. a 9 on frappe encore, on ne répond pas davantage. à dix
l'inquiétude augmente, on repete les coups ou n'entend rien. enfin on resout
d'enfoncer. on trouve l'infortunée dans un fauteuil morte selon les aparences
d'une indigestion volontaire.   L'homme qui l'avoit secourue vole chez
le lieutenant de police & lui expose son embarras. le magistrat après

la soir entendu, lui dit. vous m'éclairer m.r sur une recherche que je
fais depuis 4 jours

» Une jeune, belle & vertueuse rouanoise était sur le point d'être sacrifiée
par ses parens à l'or du plus sot de tous les Normands. il falloit l'arracher
à un amant chéri et la prostituer à un epoux méprisable. le jour
fatal approchoit, on alloit parer la victime. résolue de mourir, plutot que
d'achever le sacrifice, elle s'est échappée la surveille de ses nôces. ses parens
désolés la font chercher partout. je n'en doute point m.r, la jeune personne
que vous avez accueillie est celle dont je vous parle. c'est ainsi que des
outrages de parens qui ne consultent que l'intérêt & non l'inclination de
leurs enfans, en deviennent réellement les bourreaux. allons m.r il faut
de l'activité et de la discrétion. peut être y a-t-il encore de l'espérance.....
— et s'il y en avoit plus elle était bien morte. puisse la vengeance du ciel
poursuivre ces indignes parens, et son vil persécuteur!

et vous avons promené pendant trois heures dans le jardin du roi, qui contient aujourd'hui
40 arpens, qui fournit une promenade fort agréable aux naturalistes, et on
y cultive toutes les plantes indigènes & exotiques les plus rares & les plus curieuses
m.rs Thouin frères, connus par leur industrie et leurs connoissances dans la
botanique, chargés de l'entretien de ces plantes, ont eu la complaisance et
l'honnêteté & de se promener avec nous, de nous ouvrir toutes les serres chaudes,
et de nous expliquer les noms et les propriétés des arbustes et des plantes
les plus remarquables. je n'ai point vu le cabinet. mais il y a trois ans
je le vis deux fois. cependant si m.r Daubenton eut été à Paris, nous aurions
été privilégiés. j'ai diné chez un jeune Bordelois nommé Lerac
qui a la fureur d'être chimiste contre vent & marée, qui parle de tout
sans prétention, qui change de projets & de systeme de vie vingt fois le
jour, bon cœur, mauvaise tête, et qui nous a fait boire d'excellent
vin de Bordeaux.

Vendredi 29 juillet.   29e journée

Cette journée-ci ne sera pas longue. nous allons partir aujourd'hui
à 7 heures. dans une heure d'ici nous serons en voiture. dans trois
heures nous serons bien loin de paris. comme le tems fuit! voila un
mois écoulé avec une rapidité désolante. oui désolante; souffrir qu'au moment
de le quitter je regrette paris .... quoi nous allons déjeuner?
oh mrs vous êtes bien pressés, - adieu. - — adieu -

De Blois 26 juillet

Adieu paris, ville charmante! que je regrette amèrement tout
le tems que je passe ici! ne serois-je pas mieux à paris, ou avec toi?
je suis d'une apathie affreuse. je ne sens rien, j'entends à peine, je vois
tout avec indifférence. mon état est absolument semblable à celui qui
suit la jouissance des femmes. et j'ai de plus le spleen qui est un
mal plus dangereux que le marasme. j'ai besoin de sortir de cet état.
ou je crais tomber malade..... je veux penser en toi.— je sens que cette
pensée me soulage. je ne trouve ici que des hommes inconnus, dont les
idées très communes sont peu propres à électriser les miennes. il est cruel
d'être obligé de rester avec des hommes ennuyeux, quand on sort de paris,
ou quand on brûle d'envie d'être avec sa maîtresse!.........

Vendredi 23 juillet nous montâmes dans la diligence d'orléans
qui était mieux composée que celle qui nous conduisit de Chartres à paris
il y avoit entr'autres femmes une petite picarde agée de 17 ans en amazone
dont la mère paroissoit peu inquiète. je profitai de cette insouciance

pour me placer a coté de la jolie enfant. je l'entretins pendant le jour
de choses sérieuses, ensuite de choses gaies, ensuite de choses tendres. ~~—————
——
——
——
————————————————————————————~~ . . . la nuit me parut
courte, mais il fallut bien nous séparer à deux heures du matin que nous
arrivâmes à Orleans. j'allai bien vite me renfermer dans une chambre
penser à cette dernière avanture et dormir par dessus.

je me levai tard, et j'allai de suite parcourir la ville que je ne
connoissois point. Orleans est grand, bien peuplé, mal bati, à une rue
près, commerçant et riche. la cathédrale est belle, le portail quoique neuf
est trop massif. le pont est hardi mais ne vaut pas celui de Tours; les
promenades agréables. les femmes n'y sont pas jolies, du moins je n'en ai
point vu de telles: et les hommes m'ont paru contrefaits. il est vrai que
mon jugement doit être suspect. un homme qui sort de paris, et
dont l'imagination est encore remplie et occupée des beaux hommes et des belles
femmes qu'il a vues, accoutumé d'ailleurs à parcourir les rues de richelieu,
de St honoré, de grenelle, les boulevards le marais, le palais royal,
et le quai du louvre, cet homme doit voir en laid les batimens, les
hommes et les femmes de province, et son jugement est aussi ridicule
que partial.

Nous primes une chaise et des chevaux de Messagerie pour nous
rendre à Blois. diner à Beaugenci, pays du bon vin. passés à menars
que j'eus grand regret de ne pas voir dans le plus grand detail. arrivés
ici à huit heures et demie du soir. . . .

Blois est dans une exposition charmante, à mi-côte de la loire
dans un pays ~~riche~~ par lui même, riche encore par l'industrie de
~~des habitans~~, il n'y a au reste de beau remarquable dans la ville
que le ~~palais~~ épiscopal & le château. encore ce dernier édifice est
plus curieux par les grands événemens qui s'y ~~sont~~ passés que par
son architecture gotique & délabrée. Mr. Alix concierge ou suisse
de cette antique mazure m'a savamment expliqué ce matin, ou et
comment gaston frere de louis XIII était mort, ou et comment le duc de
guise avoit été assassiné par l'ordre d'henri III; ou et comment l'arche-
vêque de lion avoit confiné le cardinal... il m'a fait voir la fameuse
tour de chateau renaud, qui a servi de prison et de tombeau à tant de
grands seigneurs, et puis la salle du conseil, et puis celle des états, et puis
les escaliers &c... sachant et mangeant la moitié de son rôle. pénétré
surtout de la haute importance de sa place. il me menoit par le bras,
et quoique seul, il disoit en haussant sa voix « écoutez bien ceci mrs, voilà
la façade bâtie par mansard; il n'y manque pas une seule pierre, pas une
ardoise... voici l'endroit ou deux quarante cinq arrêtèrent le cardinal
de guise... j'ai eu l'honneur de montrer ceci à mr père duroi. je l'ai entre-
tenu pendant une heure et demie — et puis haussant encore la voix — faites
bien attention à ceci mrs, cette coupole bâtie sur un roc n'a jamais
été finie; voyez cet entablement et ces colonnes de pierre d'aspremont
tout cela est de Gaston et digne de votre admiration. cette chapelle que
vous soyez — a été diminuée &c... faites attention mrs à cet endroit
ou le duc de guise fut assassiné, voici encore la pierre ou il tomba,
cette pierre a conservé le sang — mais je n'en sais point, — c'est qu'il n'y en
a plus. aux états mrs... voici la cheminée ou se chauffoient les
grands seigneurs quand un page &c &c &c... — tirez mr Alix voilà
24 sols pour votre complaisance. adieu mr. Alix, je vous remercie:

et j'allai voir le seché dont les jardins sont superbes & les abricot excellens, on me força d'y goûter.

je suis vraiment faché de n'avoir pas vu ces pays-ci avant mon voyage de paris. j'en jouirois davantage, et je serois mieux disposé à goûter les beautés naturelles du sol et les sites pittoresques qu'il presente. en un mot je serois moins injuste & plus éclairé.

le principal commerce de ce pays est en vin, eaux de vie & coutellerie. le premier merite, comme ailleurs, est dans l'opulence; elle n'est pas commune ici, a juger par l'exterieur. les femmes sont mises avec gout, mais je ne sais pas encore si c'est une suite de ma delicatesse, elles me paroissent bazanées. le caractere des habitans est vrai, et leur société douce. mon sejour y sera trop court, pour y faire des connoissances, mais je regrette de ne pouvoir demeurer dans ce beau pays. si je deviens jamais mon maitre et que je me soye possesseur d'une fortune honnête je ne veux pas la depenser ailleurs que dans les environs de Blois. tu viendras la partager avec moi. nous serons tour à tour philosophes amoureux & gourmands, ou pour m'exprimer dans ton langage, les livres, l'amour & la table nous occuperont tour à tour. je te volerai deux mois par an, que j'irai passer à paris.

adieu, voilà ma tâche remplie. ———

plus de projets d'obscurité
de retraite, de liberté
talens, plaisirs, je vous adore:
et toi paris, sejour des arts
sejour brillant à mes regards
je me trompois: je t'aime encore.

Mans 1er aout 1784.

j'ai relu mon journal depuis que la Solitude est devenüe mon partage, et a mûri mes idées. j'en pourrois faire la critique tout aussi bien qu'un autre. Et j'y répandrois autant de Sel qu'il en faudroit pour la rendre amere. cependant je n'en ferai rien. j'ai même envie d'ajouter au lieu de critiquer. j'ai oublié bien des articles interessans. le gout de la morale qui me Saisisoit quelquefois jusqu'à l'ennui, m'a fait passer sur quelqu'objet, et glisser trop legerement sur d'autres. il est toujours tems d'y revenir. et Si tu le trouve bon, nous appelerons ce postscriptum l'errata du journal, plutôt que le Supplement.

1o j'ai grand regret à mon voyage de Londres. tandis que j'etois à paris je trouvois ce voyage d'une longueur et d'une depense excesive. j'etois de Mauvaise foi. les plaisirs de paris m'arrêtoient plus que la longueur et la depense du voyage. aujourd'hui la raison qui voit tout de Sang froid m'oblige d'avoüer mes torts et de convenir que mon excuse etoit frivole & ridicule. il fallait être plus courageux. et je le Serai assurement davantage, Si l'occasion Se présente de renouveller la partie.

2o je n'ai pas dit un mot de la nouvelle Coupole dont on vient de couvrir la cour de la halle au bled. c'est cependant un Superbe morceau d'architecture. cette voute de 120 pieds de diametre, la plus grande qui Soit en france, est un demi cercle parfait dont le centre est mis au niveau de la Corniche a 40 pieds de terre, ce qui joint a 60 pieds de rayon donne une hauteur de 100 pieds depuis le Sol jusqu'au Sommet de la voute. Elle n'est formée qu'avec des planches de Sapin d'un pied de largeur, d'un pouce d'epaisseur & d'environ quatre pieds de longueur, qui forment 25 coupures ou cotes qui divisent absolument cette voute dans toute Sa hauteur. ces cotes à jour Sont fermées, ainsi que la lanterne du haut par des chassis vitrés. la masse de lumiere est telle, qu'il ne Semble pas que cette calotte ait diminué

en rien le jour qui existoit avant sa Construction et qui est indispen
sable au Service de ce monument.

3°. il n'y a point de quartier à paris ou il n'y ait plusieurs fontaines.
les principales sont, la fontaine de grenelle rue de grenelle sur les
desseins du célèbre Bouchardon; elle ressemble un peu trop a un tombeau.
La fontaine de la croix du trahoir, au coin des rues de l'arbre Sec &
St honoré construite en 1775 sur les desseins et sous la conduite de mr
Soufflot. La fontaine des innocens rue St Denis placée au coin de
la rue aux Fers est un des monumens les plus reguliers de paris et des
plus heureux tant par la beauté de l'architecture Corinthiene, que par
le fini des Sculptures.

4°. les bibliothèques de paris sont les galeries des Savans. la bibliothèque
du roi rue de richelieu contient plus de deux cent mille volumes. le
Cabinet d'Estampes placé dans le même hotel est sous la garde de mr Joly,
l'un des plus honnêtes comme des plus instruits demonstrateurs que
j'aie vu dans ce pays ou l'honnêteté est souvent le masque du Charlatan.
Bibliotèque Mazarine contient 60,000 vol. on y distingue une bible latine
imprimée avant 1462. elle est unique. c'est, dit on, le livre le plus rare qui
existe. Bibliothèque de St Germain des prés est une des plus consideralbes
de la ville. quoiqu'elle ne soit pas publique, c'est une de celles ou les gens
de lettres trouvent le plus d'accés; étant ouverte tous les jours, excepté les
jeudis après midi, & veilles de fêtes &c &c

5°. il n'y a point dans paris d'édifice public destiné aux bains.
il y a beaucoup de bains sur la rivière tant pour hommes que pour
femmes. a la rapée, sur le quai des morfondus, sur le quai de l'école,
au bas des invalides. au bas du palais bourbon et à la pointe de
l'isle St louis, il y a deux bateaux à demeure ou l'on a construit des
apartemens très propres, ou par le moyen de reservoirs d'eau chaude ou
froide, on peut en tout tems prendre des bains. le prix est de 3tt 12s
il y a un mr Albert sur le quai d'orsay qui s'est enrichi par un
etablissement nouveau; on trouve chez lui des bains chauds, des bains secs,
des bains de vapeurs, & de fumigations, des douches de toute espèce.

6° En passant aux pieds de la bastille, je n'ai point songé sans horreur à la peinture que vous en a laissé linguet. j'ai considéré de loin des redoutables tours. De loin, car de près cela n'est pas possible. pour peu que vous vous arrêtiez dans ce lieu sinistre, un homme bleu s'approche de vous et vous dit rudement, on ne s'arête point ici. passez.

7° En me promenant au milieu de paris, j'ai souvent été surpris de m'y voir; cette surprise étoit quelquefois semblable au doute: et ces momens n'étoient point sans plaisir, par la comparaison que j'étois forcé d'établir entre mon état idéal et mon existence actuelle. je veux dire que je sentois mon existence, avantage que tout le monde ne connoit pas, et auquel moi même je ne fais pas toujours attention.

8° je me suis rapellé quelquefois le nom et l'idée des originaux que [illegible] fournit. je les ai nommé, en t'écrivant, non par méchanceté, non par desœuvrement, mais par justice, et pour répondre à la confiance que tu as dans mon pinceau.......... L'amour propre des uns, la bêtise des autres, nous ont [illegible] par fois amusé, plus souvent mortifié; dans l'alternative de se fâcher contre le monde, ou de se moquer de lui; j'ai préféré d'entrer dans le second parti, mais ce n'est point sans peine; le rôle de censeur est difficile à soutenir, et devient fatigant à la longue. je conviens qu'avec la meilleure envie d'être juste, il m'échappe des jugemens qui ne le sont pas toujours, Et qui oseroit se flatter d'être sans passions et parfaitement éclairé? car il faut cela pour juger les hommes.

chez moi comme chez les autres ce n'est point la malice qui fait les méchans, c'est le desœuvrement, et l'envie de piquer la curiosité. la louange est fade, la critique interesse davantage. aussi l'esprit

de meschanceté est de tous les esprits le plus facile, le plus commun
et pourtant n'est pas le plus dangereux